湖南省社会科学评审委员会课题"中国共产党精神谱系涵育大学生精神成长的路径研究"(课题号：XSP22YBZ163)

湖南省高校思想政治工作精品项目"立足书院文化涵育时代新人的探索与实践"(课题号：23JP047)

新时代思想政治教育丛书

思想政治教育的
文化逻辑

鲁力 刘浩 方一特 著

天津出版传媒集团

天津人民出版社

图书在版编目（ＣＩＰ）数据

思想政治教育的文化逻辑 / 鲁力, 刘浩, 方一特著
. -- 天津 : 天津人民出版社, 2024.3
（新时代思想政治教育丛书）
ISBN 978-7-201-20348-5

Ⅰ.①思… Ⅱ.①鲁… ②刘… ③方… Ⅲ.①大学生
－思想政治教育－研究－中国 Ⅳ.①G641

中国国家版本馆 CIP 数据核字(2024)第 068362 号

思想政治教育的文化逻辑

SIXIANG ZHENGZHI JIAOYU DE WENHUA LUOJI

出　　版	天津人民出版社	
出 版 人	刘锦泉	
地　　址	天津市和平区西康路35号康岳大厦	
邮政编码	300051	
邮购电话	（022）23332469	
电子信箱	reader@tjrmcbs.com	

责任编辑	武建臣
装帧设计	汤　磊

印　　刷	天津新华印务有限公司
经　　销	新华书店
开　　本	710毫米×1000毫米　1/16
印　　张	11.5
插　　页	2
字　　数	170千字
版次印次	2024年3月第1版　2024年3月第1次印刷
定　　价	78.00元

自 序

　　思想政治工作从根本上说是做人的工作,必须围绕学生、关照学生、服务学生,不断提高学生的思想水平、政治觉悟、道德品质、文化素养,让学生成为德才兼备、全面发展的人才。人的发展离不开文化,文化是民族的精神命脉,是个人发展的深厚根基。思想政治教育要做好人的工作,就需要探求文化逻辑,从文化的视野去增强有效性、实用性,吸收和利用好中华优秀传统文化、革命文化和社会主义先进文化的丰厚滋养。

　　思想政治教育的根基是中华优秀传统文化。党的二十大报告指出:"中华优秀传统文化源远流长、博大精深,是中华文明的智慧结晶,其中蕴含的天下为公、民为邦本、为政以德、革故鼎新、任人唯贤、天人合一、自强不息、厚德载物、讲信修睦、亲仁善邻等,是中国人民在长期生产生活中积累的宇宙观、天下观、社会观、道德观的重要体现,同科学社会主义价值观主张具有高度契合性。"①

　　思想政治教育要自觉弘扬红色文化。做好思想政治教育工作,需要广泛

---

① 习近平:《高举中国特色社会主义伟大旗帜 为全面建设社会主义现代化国家而团结奋斗——在中国共产党第二十次全国代表大会上的报告》,人民出版社,2022年,第18页。

践行社会主义核心价值观。弘扬以伟大建党精神为源头的中国共产党人精神谱系,用好红色资源,深入开展社会主义核心价值观宣传教育,深化爱国主义、集体主义和社会主义教育,着力培养担当民族复兴大任的时代新人。推动理想信念教育常态化、制度化,持续抓好党史、新中国史、改革开放史、社会主义发展史的宣传教育,引导人民知史爱党、知史爱国,不断坚定中国特色社会主义共同理想。

思想政治教育要发展社会主义先进文化。思政课教师在工作中应该做到坚定马克思主义信仰,树立立德树人高尚情怀,善于创造性开展教学工作,拥有广泛丰富的学识,严格遵循教育规律和遵守教学纪律,具有高尚的人格魅力。用社会主义核心价值观铸魂育人,完善思想政治工作体系,推进大中小学思想政治教育一体化建设。坚持依法治国和以德治国相结合,把社会主义核心价值观融入法治建设、社会发展、日常生活中。

是为序。

作　者

2023 年 5 月 26 日

目录
CONTENTS

第一章　论当代中国思想政治教育的文化自觉

　　文化自觉这一概念源自费孝通先生。用费孝通的原话来讲，"'文化自觉'这个概念从小见大，从人口较少的少数民族看到中华民族以至全人类的共同问题。其意义在于生活在一定文化中的人对其文化有'自知之明'，明白它的来历、形成的过程，所具有的特色和它的发展趋向，自知之明是为了加强对文化转型的自主能力，取得决定适应新环境、新时代文化选择的自主地位"①。可见文化自觉是一个具有普遍性的问题。任何一个人类群体必然生活于一定的文化环境之中，也就需要文化自觉。文化自觉的起源可以追溯到远古，所谓"非我族类其心必异"这句话可以看作文化自觉的最早表达。随着人类交往的扩大，不同文化的交流日益频繁，各个文化主体的自觉意识更为彰显。党的十八大以来，习近平不断强调文化和意识形态工作的重要性，强调面对社会思想观念和价值取向日趋活跃、主流和非主流同时并存、社会思潮纷纭激荡的新形势，必须要巩固马克思主义在意识形态领域的指导地位，培

---

　　① 费孝通：《关于"文化自觉"的一些自白》，《学术研究》，2003 年第 7 期。

育和践行社会主义核心价值观,巩固全党全国各族人民团结奋斗的共同思想基础,构建中国特色哲学社会科学。作为"党的政治工作的生命线"和一门特殊的哲学社会科学,思想政治教育事关马克思主义中国化、时代化、大众化,事关社会主义意识形态建设,事关中华民族伟大复兴,更加需要文化自觉,以更好实现自己的使命。

一、"立足中国"与"面向世界"的双重自觉

当今时代是一个文化大发展大繁荣的时代,各种文化思潮如百花齐放,争奇斗艳。文化在综合国力的竞争中起到越来越重要的作用。人们思想的灵活性、多变性、复杂性空前增强。同时,西方文化对我国的侵蚀一刻也没有停止。如何巩固中国特色社会主义意识形态的主导地位? 如何构筑中华民族的精神家园? 如何有效抵御西方形形色色思想的腐蚀? 如何向世界传播中国的价值观,让世界理解中国,让中国走向世界? 这些问题有待解决。思想政治教育作为社会主义精神文明建设的重要组成部分, 作为党的意识形态工作的生命线,应该构筑一道社会主义意识形态的防火墙,阻隔西方消极文化思潮对人们思想的影响。思想政治教育作为理论掌握群众的重要途径,作为思想解放的前沿阵地,应该勇立潮头,引领世界文化潮流的发展,为解决世界性的文化难题提供中国智慧。

思想政治教育要实现自己的历史使命就要立足中国。根深才能叶茂,思想政治教育的根在中国,脱离了中国的文化传统,脱离了中国的实际,脱离了中国特色,思想政治教育就会失去自己的根基,成为可有可无的点缀。一味追求与世界接轨,一味追求洋腔洋调,一味以国外的理论、经验和评价标准为目的,思想政治教育就会成为他者的殖民地,西方和平演变的桥头堡,就会变为根植于社会主义内部的"特洛伊木马"。那么思想政治教育怎么样

立足中国呢？

　　首先,思想政治教育要立足中国的文化传统。几千年的辉煌历史造就了中国人独特的文化传统、文化心理、文化价值、文化取向。要做好中国人的思想政治教育工作,不了解中国独特的文化传统不行。新民主主义革命时期,共产党人的思想政治教育工作做得卓有成效,很重要的一条经验就是把握了中国独特的文化传统。中国文化的根在农村,中国属于农耕文明,中国人具有安土重迁、爱惜土地的文化心理。中国共产党人正是抓住了这样一个文化传统,制定了耕者有其田的土地革命方针,并大力地进行思想政治教育宣传,因而获得了人民群众的拥戴,取得了成功。国民党的失败就在于脱离了中国人民的文化心理和文化需求,任由地主盘剥农民、侵蚀农民土地,因而丧失民心。中国共产党是中国工人阶级的先锋队,是中国人民和中华民族的先锋队,是中华优秀传统文化的继承者,中国共产党人所开创的思想政治教育事业是对中华文化传统的继承、发扬和创新。新时代的思想政治教育应该增强对中国文化传统的传承自觉。习近平指出:"绵延几千年的中华文化,是中国特色哲学社会科学成长发展的深厚基础。"①

　　其次,思想政治教育要立足中国的实践。思想政治教育是一门科学,也是一项艺术,它源于实践的需要,着眼于解决实践中的问题,不能等同于纯理论研究。随着经济全球化的深入发展,历史日益成为世界历史,当今中国的实践越来越获得世界意义,也就更加需要我们去研究、把握。立足中国实践,一方面,需要我们解决中国特色社会主义精神文明建设、社会主义意识形态构建中的实践性问题,另一方面,我们要把中国实践提升到理论的高度,放到世界历史的大格局中去考量,揭示其意义。正如习近平指出的,"解决好民族性问题,就有更强能力去解决世界性问题;把中国实践总结好,就

---

　　① 习近平:《在哲学社会科学工作座谈会上的讲话》,《人民日报》,2016 年 5 月 19 日。

思想政治教育的文化逻辑

有更强能力为解决世界性问题提供思路和办法"①。

最后,思想政治教育立足构建中国特色、中国风格、中国气派的思想政治教育学。习近平指出:"要按照立足中国、借鉴国外,挖掘历史、把握当代,关怀人类、面向未来的思路,着力构建中国特色哲学社会科学,在指导思想、学科体系、学术体系、话语体系等方面充分体现中国特色、中国风格、中国气派。"②思想政治教育学是重要的哲学社会科学学科,并且是我们的独一无二的优势学科,理应成为独树一帜的具有中国特色、中国风格、中国气派的学科。

当今的世界是一个开放的世界,许多问题都带有全球性的特点,如环境问题、发展问题、贫富差距过大问题都需要全人类通力合作才能解决。当今思想政治教育面对的许多问题,不仅仅是中国人的问题,也是全人类的问题,思想政治教育需要超越国界与民族的藩篱,突破自身眼界的阈限,睁眼看世界,面向世界。

首先,面向世界性的问题。在现代化凯旋高歌之际,从西方到东方人们普遍感受到一种精神的空虚,虚无主义腐蚀着人们的理想信念,物质的富裕并没有带来精神的安顿,人们处于躁动与不安之中。同时,资本在世界范围内的狂飙突进,把资本主义的价值理念、生活方式、行为方式带到世界各个角落,拜金主义、消费主义、极端个人主义应运而生,冲击着人们淳朴的信念和古老的信条。精神危机现象在世界范围蔓延。怎样在物质富裕以后给心灵一个家园,给精神一片蓝天?物质主义被人们普遍信仰,物欲横流之际,怎样重新确立崇高的理想信念?文明的冲突日益成为现实之际,怎样维持信仰之间的和谐?所有这些问题,都是需要解决的世界文化难题,也是思想政治教育必须高度关注的问题。

---

① 习近平:《在哲学社会科学工作座谈会上的讲话》,《人民日报》,2016年5月19日。
② 习近平:《在哲学社会科学工作座谈会上的讲话》,《人民日报》,2016年5月19日。

其次,汲取世界文化成果。我们说思想政治教育要立足中国文化传统,并不是要排斥对外来文明的吸收。故步自封、妄自尊大的文化心态要不得,但是我们所谓的汲取世界文化传统也不是见什么要什么,没有区分、没有鉴别的只要是国外的就拿来。在这一点上习近平有清醒的认识,他说:"对国外的理论、概念、话语、方法,要有分析、有鉴别,适用的就拿来用,不适用的就不要生搬硬套。哲学社会科学要有批判精神,这是马克思主义最可贵的精神品质。"[①]我们对国外文化成果的吸收是有选择、批判地进行的。

最后,立足构建具有世界话语权的思想政治教育。如今已经不是一个关起门来自说自话的时代,思想政治教育必须主动走向世界,在国际话语领域取得一席之地,否则难以改变"西强我弱"的话语态势。最好的防守是进攻。一直以来,面对西方话语的强大攻势,我们都是采取被动防御姿态,但是效果有限,治标不治本。只有对西方主动展开话语战争,争夺话语权,才能最终确立社会主义意识形态的国际话语权。

二、"传统情结"与"现代意识"的双重自觉

传统与现代是一对时间范畴,也是标志社会结构变动的范畴。传统社会与现代社会是两种异质的社会形态。传统社会是以同质性为特征的社会形态,社会生活的诸领域尚处于未分化的状态,社会整合主要依靠政治权威进行,政治在社会生活中起着主导作用,决定经济、文化的发展,经济和文化领域缺乏自己的独立性。在私人生活与公共生活之间缺乏必要的界限,私人生活被公共生活主宰,具有某种直接同一性。传统社会在价值领域同样处于未分化状态,由政治大一统带来的统一价值观主宰人们的头脑。生活在传统社

---

① 习近平:《在哲学社会科学工作座谈会上的讲话》,《人民日报》,2016 年 5 月 19 日。

会的人们感觉具有一种稳定感、确定感。人们不会感到价值观领域诸神战争带来的苦恼。现代社会则是以异质性、分化性为特征的社会,社会生活的诸领域处于剧烈的分化状态,社会整合难度加大,经济、文化都从政治领域分化出来形成独立的王国,不再以政治为自己的最高根据。现代社会在价值领域同样处于剧烈的分化状态。多元价值观带来了人们的存在主义焦虑,生活在现代的人们虽然自由,但时时感到一种无根的漂泊感。处于现代与传统的夹缝中的当代思想政治教育,既有渴望建立统一的价值观体系的传统情结,又不得不面对现代社会价值观分化的现实。

思想政治教育渴望回到过去那种一元价值观主导的时代,主流意识形态得到高度认同,人们自觉追求主流价值观的指导。应该说思想政治教育的这一追求天然合理。任何一个社会都不能缺乏共同认可的价值观念,不能没有一个先进的主导价值理念,否则就难以形成价值认同,就会缺乏共同的道德规范,从而陷入莫衷一是的迷茫之中,整个社会纷争不止。从唯物主义的观点来看,确立整个社会认可的共同的价值基础是可能的,生活在同一个时代的人们,在相同的经济基础上,所形成的思想意识必然具有某种相通性。经济基础决定上层建筑,构筑于相同经济基础上的思想意识必定具有同质性。回到过去一元文化的时代无疑是一种历史的倒退,过去的一元文化垄断的社会是一个"机械团结"的社会,传统社会中思想的大一统是建立在整个社会不发达基础上的。在新的历史条件下,怎样自觉反映经济基础的现实要求,整合社会思想意识,在社会成员之间形成共同的价值理想、价值追求、价值理念是思想政治教育的现实要求。

首先,思想政治教育要不忘传统情怀,致力于构建全社会共同的价值基础。"我国是一个有着 13 亿多人口、56 个民族的大国,确立反映全国各族人民共同认同的价值观'最大公约数',使全体人民同心同德、团结奋进,关乎国家前途命运,关乎人民幸福安康。"①思想政治教育必须努力培育和践行社会主义核心价值观,为中国特色社会主义事业凝聚人心,为中华民族伟大复兴凝聚力量。

其次,思想政治教育要正视时代的变迁,放弃对过去一元权威的幻想。传统社会那种纯而又纯的一元化思想状态,有其经济基础,那时候的社会领域处于未分化状态,对外交流闭塞,因而导致人们思想上的纯而又纯的与主流意识形态高度重叠的状态。经济基础的变化必然要求上层建筑、思想意识的变化。

最后,思想政治教育要积极引导多样思想文化的走向。正如现实中不同地区的社会经济状况是不同的,思想文化领域的发展也是不平衡的,有先进和落后之分。作为指导思想的马克思主义站在思想文化的制高点上必须对各种思想文化潮流进行引导,带动他们向前发展。习近平在第 70 届联合国大会一般性辩论时的讲话,提出了"和平、发展、公平、正义、民主、自由,是全人类的共同价值"的论断。这就启示我们要用人类的共同价值对多元价值观进行引领。

现代社会是一个思想文化多样化的社会,思想文化领域的分化不过是社会领域分化的一部分。思想政治教育必须具备现代意识,发展时代发展水平上的思想政治教育,而不能落后于时代,照搬几十年前的老皇历。首先,树立开放包容的时代意识,加强对各种思想文化的研判,开展深层次对话交流,而不是统统拒绝或是一概打倒。对于其中有益的成分加以吸收,有害的成分予以剔除。正如习近平指出的"对一切有益的知识体系和研究方法,我们都要研究借鉴,不能采取不加分析、一概排斥的态度"。其次,研究在现代环境下人们思想意识的形成规律以及各种思想文化影响人们思想的路径和

---

① 习近平:《青年要自觉践行社会主义核心价值观》,《人民日报》,2014 年 5 月 5 日。

方法。只有把握现代人的心理特征和发展需要,才能理解现代各种社会思潮产生的现实性,进行更好研判和引导。最后,把大写的单数的思想政治教育变为小写的复数的思想政治教育。现代社会领域的分化带来价值领域分化、社会群体的分化。思想政治教育必须研究不同群体的特殊思想发展规律,展开针对不同群体的特殊的思想政治教育。例如,2017 年 4 月,中共中央、国务院印发了《中长期青年发展规划(2016—2025 年)》这一被称为前无古人的青年规划,就体现了中国共产党对青年群体思想政治教育认识规律的深化。按照年龄和人生发展阶段,可以分为幼儿思想政治教育、青年思想政治教育、中年思想政治教育、老年思想政治教育。按照职业划分,可以有公务员思想政治教育、教师思想政治教育、医生思想政治教育、工人思想政治教育、农民思想政治教育,等等。按照性别划分,可以有女性思想政治教育和男性思想政治教育。按照区域划分,可以有城市思想政治教育和农村思想政治教育。分领域的特殊思想政治教育并不是放弃思想政治教育的指导思想的一元化,而是如万川映月、理一分殊般把一元化的指导思想渗透到不同的领域去。

三、"精英品格"与"大众取向"的双重自觉

"思想政治教育的本质是坚持主流意识形态的主导和灌输。"[①]思想政治教育的对象主要是思想政治素质有待提高的青少年儿童、在校学生、普通群众,而思想政治教育者则主要是思想政治素养较高的领导干部、知识分子、理论工作者或教育工作者等精英群体。马克思主义认为,人民群众是历史的创造者,但历史人物是历史的推动者。坚持以灌输为思想政治教育的本质是

---

① 郑永廷主编:《思想政治教育学原理》,北京:高等教育出版社,2016 年,第 92 页。

因为先进的思想意识不能自发地在人们的头脑中产生，普通群众的头脑中只能产生简单的道德意识、自发的道德观念、朴素的道德情感，远达不到理论化、科学化的水平，只能依靠社会的先进分子把先进的思想意识灌输到人们的头脑中。坚持以主流意识形态的主导和灌输来揭示思想政治教育的本质，"有利于提高思想政治教育工作者的理论自觉和高度的责任感"[①]。

思想政治教育的本质是坚持主流意识形态的主导和灌输。那么从事思想政治教育的人必定是掌握较多的思想理论并拥有较高思想政治素质的精英群体。列宁在论述马克思主义的灌输理论时指出："社会主义学说则是从有产阶级的有教养的人即知识分子创造的哲学理论、历史理论和经济理论中发展起来的。现代科学社会主义的创始人马克思和恩格斯本人，按他们的社会地位来说，也是资产阶级知识分子。俄国的情况也是一样，社会民主党的理论学说也是完全不依赖于工人运动的自发增长而产生的，它的产生是革命的社会主义知识分子的思想发展的自然和必然的结果。"[②]可见在马克思主义的思想政治教育起源上，少数精英分子扮演了重要的角色。人是历史的主体，任何一种历史活动、文化创造无不打上主体的烙印。思想政治教育主体的精英气质内在地影响了思想政治教育，使之形成了一种精英品格。具体来说，思想政治教育的精英品格表现在以下三个方面。

第一，思想政治教育的严肃性、高雅性。精英文化一般被认为是雅文化，处于俗文化的对立面。精英文化塑造出思想政治教育主体的高素质性、思想政治教育目标的崇高性、思想政治教育手段的文雅性、思想政治教育内容的科学性。第二，思想政治教育的主导性、灌输性。作为一种崇高的事业，思想政治教育就像是阳春白雪，在起初的时候总是显得曲高和寡，不为普罗大众所理解。而真正严肃的思想政治教育也必须强调自己的高贵品格，而不能使

---

① 郑永廷主编:《思想政治教育学原理》，北京:高等教育出版社，2016 年，第 93 页。

② 《列宁专题文集 论无产阶级政党》，北京:人民出版社，2009 年，第 76~77 页。

自身庸俗化,必须坚持科学理论的引领与灌输。第三,思想政治教育者的责任担当。思想政治教育事业是一项崇高的事业,也是艰苦的事业,具有长期性、艰巨性、琐碎性等特点,要求思想政治教育工作者必须具有强烈的责任担当意识,要有一种为全人类解放而奋斗的勇气,有为人民服务的决心,有不怕困难甘于奉献的精神。这是一种典型的精英意识。唯有真正的精英群体才能抛弃一己之私利,投身这一宏伟事业。市侩习气浓厚的庸人、私欲熏心的小人、贪图享受的懒人都不会选择这样一条既无名也无利可图的羊肠小道。

思想政治教育的目的是让受教育者接受先进的思想理论的指导,用理论武装群众。受教育者是一个多层次的集合体,其中既有思想政治素质较好的群体,也有思想意识相对落后的群体;既有接受先进思想理论的普遍需要,也有满足个人审美文化需求的个性需要。按照建构主义心理学的理论,受教育者的头脑并不是一片白板,想怎么画就怎么画,而是有着丰富的知识和复杂的心理结构。要想让受教育者也就是普通大众接受思想政治教育,必须契合他们的心理、满足他们的需要、使用他们能懂的语言。思想政治教育必须有一种大众取向,也就是从受教育者的实际需要和可接受程度出发,采用更利于大众接受的方式进行思想政治教育。大众文化又称通俗文化、流行文化,是普通群众普遍接受的文化形态,在群众当中影响比较大、内容较为普及、形式上易于接受。思想政治教育要取得良好的效果就必须使自身成为一种大众文化样态,借鉴大众文化传播的经验。

第一,强化思想政治教育的享用功能。所谓思想政治教育的享用功能,就是"可使每个小体实现其某种需要、愿望(主要是精神方面的),从中体验满足、快乐、幸福,获得一种精神上的享受"[①]。大众文化传播的主要法宝就在于它极大的享用性功能。目前我国社会的主要矛盾是人民日益增长的美好

---

① 鲁洁:《试论德育之个体享用性功能》,《教育研究》,1994 年第 6 期。

生活需要和不平衡不充分的发展之间的矛盾。随着中国经济的高速发展,今天我们已经全面建成小康社会,全社会的物质需求得到初步满足,在富起来以后,中国社会的精神文化需求更加迫切,一轮又一轮的"文化热""国学热"昭示着当代中国文化生产力与文化需求之间的巨大矛盾。思想政治教育必须提供人民群众享用的精神产品,这样才能用先进的文化理念主导人民的思想。否则那些庸俗落后的思想就要占领人们的精神世界。第二,强调思想政治教育的活泼性、通俗性、适应性。思想政治教育要深入人心,就要轻松活泼,让人接受起来不费劲。要适应不同群体的心理特点和需要。第三,强调思想政治教育的全面性、普及性。思想政治教育应该覆盖全体大众,而不是少数人的专利。思想政治教育要像大众文化一样形成一个具有广泛受众的文化氛围,让所有人都感受到马克思主义的理论感召,让社会主义核心价值观成为文化的大气层。

四、"崇尚科学理性"与"回归日常生活"的双重自觉

思想政治教育既是一项科学的事业,也是一份意识形态工作。从思想政治教育的目的、内容、方法、手段来看,都必须讲求科学,也都必须建立在科学的基础之上,同时思想政治教育又是我国意识形态建设中的一项重要工作,要为社会主义文化建设服务。这二者之间并不矛盾,没有科学为基础,作为意识形态工作的思想政治教育就不可能取得好的效果。失去了意识形态属性,思想政治教育就会失去灵魂,蜕化变质,变成压抑人束缚人的理性工具。

思想政治教育是一项科学的事业,有着一个科学的理性世界。思想政治教育要不断地科学化,自觉追寻科学的规律。"所谓思想政治教育的科学化,是指思想政治教育要在马克思主义指导下,高扬科学精神,运用科学的理论和规范去揭示、掌握和运用思想政治教育相关规律,以提高思想政治教育工

作的实效性。"①

　　首先,思想政治教育是科学的事业,需要理性的精神、客观的态度。思想政治教育无论是作为一项社会实践还是作为一项学术研究,都不是仅仅凭借一腔激情或是美好的愿景就能办好的,必须善于利用科学的理性精神来对待。空想社会主义者们有对于不合理制度的深刻批判,有对于人民群众疾苦的同情,有对于正义与理性的追求,但是他们没有掌握科学的方法,所以只是空想。而马克思从经济现实中剖析资本主义的内在矛盾,从而开辟了科学社会主义事业。思想政治教育者应该学习马克思的这种科学精神,而不是停留在空想的阶段。只是提出思想政治教育应该如何如何,是一种价值判断,还不能成为科学。还要从人们的思想实际,时代的精神状况出发,去把握今天思想政治教育的客观矛盾现实性,把握思想政治教育的本真规律。

　　其次,思想政治教育要注意发现科学规律,掌握科学规律,利用科学规律。正如习近平在全国高校思想政治工作会议上指出的,"做好高校思想政治工作,要因事而化、因时而进、因势而新。要遵循思想政治工作规律,遵循教书育人规律,遵循学生成长规律,不断提高工作能力和水平"②。只有遵循规律,思想政治教育工作能力和水平才能提高,对规律掌握得越多,那么思想政治教育的水平就越高,就会从必然王国进入自由王国。从科学性的角度来说,思想政治教育和物理、化学一样,需要探索客观的规律,在这里有一个科学化的世界图景。

　　最后,思想政治教育应该提高实效性。科学是一种改变现实的巨大力量。马克思主义是科学,所以它具有改造世界的伟力。检验思想政治教育科学性程度的最好手段就是看其实效性。"思想政治教育的实效性,它是作为

---

①　刘建军:《论思想政治教育的科学化》,《教学与研究》,2011 年第 3 期。
②　《习近平在全国高校思想政治工作会议上强调　把思想政治工作贯穿教育教学全过程　开创我国高等教育事业发展新局面》,《人民日报》,2016 年 12 月 9 日。

目标和结果而包含在思想政治教育科学化的内涵之中的。思想政治教育主体揭示规律、掌握规律和运用规律的目的，是提高思想政治教育的实效性。这种实效性体现着思想政治教育科学化的成果。如果没有这种实效性，也就没有真正的科学化。"①

日常生活是我们每个人生活于其中的最基本的社会现实。日常生活也是开展思想政治教育工作的场所。"日常生活是以个人的家庭、天然共同体等直接环境为基本寓所，旨在维持个体生存和再生产的日常消费活动、日常交往活动和日常观念活动的总称，它是一个以重复性思维和重复性实践为基本存在方式，凭借传统、习惯、经验以及血缘和天然情感等文化因素而加以维系的自在类本质对象化领域。"②思想政治教育不能停留在书斋里，不能停留在理论领域，必须嵌入生活世界，必须投入火热的生活，拒绝实验室式的研究，拒绝纯粹的理论思辨。

首先，思想政治教育应该重视对日常生活的渗透。中国传统文化在人伦日用之间化为人们的内在精神基因就是因为它解决了从理论到实际的践行问题，把高超的理论化为了人们的日常生活，利用日常生活的重复性和实践性千百次地让人们去践行。思想政治教育要取得良好的效果，要把马克思主义崇高的理想内化为人们的自觉追求，把马克思主义的思维方式变为人们思考问题的日用而不觉方法，就要利用日常生活不断内化。其次，思想政治教育要重视对于日常生活的引领和优化。日常生活是意识形态的居所，在意识层面和无意识层面都蕴含重要的意识形态属性。③因而日常生活领域的意识形态争夺异常激烈，西方国家不断利用媒体宣传和消费方式塑造日常生活，将其价值观化为人们的日常生活实践，并以润物细无声的方式加强对社

---

①　刘建军：《论思想政治教育的科学化》，《教学与研究》，2011 年第 3 期。

②　衣俊卿：《回归生活世界的文化哲学》，哈尔滨：黑龙江人民出版社，2000 年，第 220 页。

③　吴学琴：《日常生活的意识形态分析及其认同》，《马克思主义研究》，2009 年第 3 期。

会主义国家日常生活的意识形态渗透，让社会主义国家的人们认可了资本主义的日常生活方式,也就是认可了该日常生活模式蕴含的价值理念、思维方式和行为方式。思想政治教育应当加强对日常生活的引领,使人们摆脱资本主义大众文化和消费方式的影响,建立社会主义的文明风尚。

第二章　高校以革命文化培育
时代新人的路径研究

习近平指出："党员、干部要多学党史、新中国史，自觉接受红色传统教育，常学常新，不断感悟，巩固和升华理想信念。革命博物馆、纪念馆、党史馆、烈士陵园等是党和国家红色基因库。要讲好党的故事、革命的故事、根据地的故事、英雄和烈士的故事，加强革命传统教育、爱国主义教育、青少年思想道德教育，把红色基因传承好，确保红色江山永不变色。"①革命文化是培育时代新人的宝贵精神财富。高校要用好革命文化，传承红色基因，以文化人，用红色文化铸魂育人，培育时代新人。

一、以革命文化培育时代新人的内涵

（一）革命文化的基本内涵

革命文化的概念有广义和狭义之分。从广义上讲，革命文化包括物质文

---

① 习近平：《论党的宣传思想工作》，北京：中央文献出版社，2020 年，第 29 页。

化和精神文化两种形式,是中国共产党领导中国人民在长期的革命实践和革命斗争中所形成的物质和非物质财富的总和,革命遗址、纪念碑、纪念馆、文学艺术作品、各种文物和其他形式的物质文化、革命历史事件、非物质文化,包括时间和地点;以革命性的言语或声音表达的信息形式的文化,包括图像、符号、照片、口号、故事和个人行为(包括以抽象概念表达的精神形式的文化)。狭义的革命文化主要是指在精神层面上包括意识形态和意识形态在内的非物质革命文化,是对中国共产主义世界观、价值观和公众观点的集中反映和解释。随着时代的变迁和发展而不断丰富、完善和发展,对于群众运动和社会动员具有重要的理论指导意义。

1.热爱祖国

近代中国山河破碎,受到帝国主义、封建主义、官僚资本主义三座大山的残酷压迫,国家面临亡国灭种的危险,中国共产党领导中国人民浴血奋战,挽救中国于水火之中。方志敏在狱中写下《可爱的中国》,将祖国比喻为母亲,愤怒控诉帝国主义肆意欺侮中国人民的罪行,这种强烈的爱国主义精神正是革命文化的生动写照。

2.崇高理想

理想不同于幻想、空想,它从实践中产生,在实践中发展,有实现的可能性。这里所讲的理想,不是指个人职业生涯、个人前途等私人利益,而是关乎人民、国家、民族的根本利益,坚定的共产主义远大理想贯穿于中国革命、建设和改革的始终。"孩儿立志出乡关,学不成名誓不还,埋骨何须桑梓地,人生无处不青山?"展现出青年毛泽东立志报国的决心。"为中华之崛起而读书!"展现出周恩来从小就有立志振兴中华的远大志向。很多革命先烈,戎马半生,把自己奉献给了党和人民。理想信念是精神之"钙",缺钙,就会得软骨病。[①]

---

① 《习近平谈治国理政》(第一卷),北京:外文出版社,2018年,第414页。

中国共产党自成立以来,始终坚持人民立场,将实现共产主义伟大理想作为自己终身奋斗的目标。

3.艰苦奋斗

近代中国人民的生活环境异常艰难,革命的历程十分艰辛,在与敌对势力斗争的过程中,我们很多时候处于弱小的、不利的甚至非常危险的境地,面对强大的敌人,以中国共产党人为主要代表的中国人民没有放弃自己的立场,靠坚定的信念、勤劳的双手为扭转劣势争取了空间,为反抗反动力量、唤醒广大人民群众、挽救中国革命,打响了反抗国民党反动派的第一枪——南昌起义。结局虽失败了,但意义非凡,表明了中国共产党的革命信念,从侧面也能看出中国共产党为革命奋斗的决心和毅力! 1938 年,抗日战争进入战略相持阶段,国民党对共产党控制区进行军事封锁、经济封锁。面对这样的情况, 中国共产党在其控制的区域内发动了一场军队屯田和鼓励大生产运动,自给自足,自力更生,通过这场运动,中共控制区基本实现了经济自给自足,"南泥湾精神"正是革命文化自力更生的内在体现。

4.自我革命

自我革命是党的最大特色,也是党的最大优势,中国共产党之所以能带领全国各族人民从一个胜利迈向另一个胜利,始终保持清醒的头脑,不忘初心,勇于自我革命是关键。中国共产党在革命、建设、改革的过程中,前进的步伐是艰难的,道路是曲折的,从党创立起到延安整风运动的开始不到二十年的时间里,先后经历了三次重大错误思潮,给党带来了不小的损失。批评与自我批评,是党的优良作风。批评别人是很简单的,但进行自我批评、深刻剖析自己则很难,当开始思考自己的不足并加以改正,进步就开始了。中国共产党要永葆先进性和纯洁性,必须始终坚持这一优良作风,加强党的自我革命。党的七届二中全会上,胜利即在眼前,毛泽东却提出"两个务必",表明党始终在提醒自己、鞭策自己,勇于自我革命。社会主义革命和建设时期,党在探索社会主义道路中犯过严重错误。1978 年,党的十一届三中全会重新确立了"解放思想,实事求是"的思想路线,这是党生死攸关时期的伟大转折,也是党勇于直面错误,敢于改正错误,突破困局的最好证明。习近平强调:"严重的问题不是存在的问题,而是不愿不敢直面问题,不想不去解决问题"[①],中国共产党以事实证明勇于自我革命是中国革命文化的精神内涵之一。

5.团结一致

"我们的革命要有不领错路和一定成功的把握,不可不注意团结我们的真正的朋友,以攻击我们的真正的敌人。"[②]毛泽东在《中国社会各阶级的分析》中对各阶级进行划分,最终找到真正的朋友、真正的敌人,最终聚众小力量,合成一股坚不可摧的力量,夺得革命的胜利,这就是团结的力量,是革命文化的重要内涵。历史证明,日本帝国主义是无法打败真正团结、武装和组织起来的中国人民的。革命胜利,是全体中华儿女共同的胜利,是中华民族的胜利,是团结一致的胜利!

(二)时代新人的基本内涵

在中国共产党第十九次全国代表大会上,习近平首次提出了"时代新人"的概念。为了促进社会主义文化的繁荣,培育和践行社会主义的核心价值观,培育了"时代新人",这是中国特色社会主义进入新时代以来党和国家对年轻人提出的新要求和新前景。

1.有理想

没有理想信念,就会导致精神上缺钙。千万人的个人理想共同构成社会理想,社会理想中蕴藏着无数个人理想。时代新人应树立崇高个人理想,立志当高远。高远的志向让实践更有动力,生活也将更丰富多彩。要将个人理

---

① 《习近平谈治国理政》(第三卷),北京:外文出版社,2020 年,第 532 页。
② 《毛泽东选集》(第一卷),北京:人民出版社,1991 年,第 3 页。

想融入社会理想之中，把实现个人价值的追求建立在创造社会价值的奋斗中。时代新人应为实现中华民族伟大复兴而奋斗，做新时代的奋进者。将爱国心、强国志与报国行统一起来。

2.有本领

要实现个人理想和社会理想，广大青年必须练就过硬本领。如若没有过硬本领，理想、梦想就会沦为空想、幻想。本领从何而来? 从学习中来，从实践中来。"青年是苦练本领、增长才干的黄金时期"①，抓住青年优势，奋发学习、追求进步，读万卷书，行万里路。练就过硬本领，是时代新人的重要内涵。在信息时代，知识更新的速度不断加快，若稍有懈怠，就会落后于时代。只有日日学习，常学常新，才能适应越来越快的时代发展，只有练就过硬本领，才有机会实现个人理想，才有机会实现中华民族伟大复兴。

3.有担当

"时代呼唤担当，民族振兴是青年的责任"②，祖国母亲孕育我们，我们应感恩母亲。早期的共产党员平均年龄不大，在中国共产党成立之初，青年群体就将民族独立、国家富强、实现共产主义作为目标，将国家的荣辱与自身的生死相连，承担起了巨大的时代责任与时代担当，赢得了中国人民的尊重和拥护，赢得了世界人民的理解与支持。时至今日，有担当是时代新人身上所应具备的品质。时代新人在新的历史时期，面对新的时代责任，应在追求个人发展之余，关注时代的变化，心系国家，心系人民，树立忧患意识，脚踏实地，撸起袖子，勇于担负起开拓新时代的历史重任。

4.有道德

一个大写的人，一定是道德水平高的人。在追求远大理想、实现中华民族伟大复兴的征程中，除了加强学习、练就过硬本领之外，也需要有健全的

---

① 《习近平谈治国理政》(第三卷)，北京:外文出版社，2020 年，第 336 页。

② 《习近平谈治国理政》(第三卷)，北京:外文出版社，2020 年，第 335 页。

人格以支撑。道德作为意识形态的一种,是社会主义精神文明建设的重要内容,对社会的发展有十分深远的影响。"我们要建设的社会主义现代化强国,不仅要在物质上强,更要在精神上强"①,这就需要时代新人树立高尚的道德品质,树立社会主义核心价值观,面对复杂的世界大变局,能保持定力,在有所收获之时,能感恩先人、不忘初心。

坚定的理想信念,崇高的爱国主义,扎实的理论基础,强大的实践能力以及崇高的道德品质共同确立了时代新人的基本素质。这是一个不动摇,始终充满自信和大胆负责的时代。在促进中国特色社会主义发展,实现中国人民的强大生命力的过程中,培养时代新人非常重要。

(三)以革命文化培育时代新人的内涵

革命文化教育的根本任务是培育时代新人,实现立德树人的根本任务。革命文化是青年崇德修身的宝贵文化资源,其理论品格与新时代高校立德树人的要求具有共通性并高度契合。教育现代化的方向和目标是"培养一代又一代拥护中国共产党领导和我国社会主义制度、立志为中国特色社会主义奋斗终身的有用人才"②。"立德"是"树人"的前提和基础,"树人"是"立德"的价值意蕴和旨归。立德树人体现了新时代党领导下的高校对青年科学文化素质和思想道德素质提出的全面要求。高校要成为育人的沃土,培育合格的、全面的社会主义人才,一方面,必须提升青年储备知识和运用知识的能力,要使他们价值观正确、知识丰富、能力突出,从而让青年享有更多的获得感。另一方面,还要开展共产主义理想信念教育,塑造青年高尚的人格品质,引导他们自觉培育和践行社会主义核心价值观,真正发挥高校立德树人的

① 习近平:《在纪念五四运动 100 周年大会上的讲话》,《人民日报》,2019 年 5 月 1 日。
② 张烁:《坚持中国特色社会主义教育发展道路 培养德智体美劳全面发展的社会主义建设者和接班人》,《人民日报》,2018 年 9 月 11 日。

育人之效。而革命文化本身蕴含着深厚的伦理道德规范和政治价值指向,是对青年进行理想信念教育、纪律规范教育、道德情感激励、心理心态优化等的宝贵教育资源。由此可见,在育人标准和目标等方面,革命文化教育为新时代高校立德树人根本任务的落实提供了正确指引。

1.用革命资源培育时代新人

革命故事是革命文化教育的最好教材,也是培育和践行社会主义核心价值观的重要载体。以多种形式讲好革命故事,有助于培育青年学子爱党爱国的情怀,有助于用红色基因培育时代新人。

革命故事是现代人接触革命精神的最具有象征意义和最接近的手段,是非常好的革命资源。翻开风云激荡的红色篇章,每座山都有故事,每条河都有传奇。在革命岁月中,这些历史故事形成了感召人民、凝聚民心、激励斗志的红色文化。今天,讲好红色故事就是传承红色基因,用红色文化育人,让党的宝贵精神财富不断彰显出新的时代价值。

讲红色故事的目的,就是要激发国人的奋斗热情。因此,在设计红色故事的讲述上,应充分考虑内容贴近、形式创新、利于传播,这样才更容易让青少年接受。需要广泛挖掘当地的红色资源,利用周围的故事来教育周围的人,并使红色精神在人们心中扎根。革命文化教育是最现实、最生动的成长教育。这种教育的吸引力在于形式多样、常讲常新。例如,"红色乡土""红色记忆""浙西南革命根据地之红色丽水"等多个校本课程,将"浙西南革命精神"编入课本,作为重要内容进教材、进课堂、进头脑,传播革命文化,化解一些人的精神困境,激励人们时刻保持自强不息、埋头苦干、开拓进取的精神,帮助青少年扣好人生第一粒扣子。

2.用革命精神培育时代新人

革命文化具有宝贵的精神财富。中国共产党在革命文化的教育和影响下,领导群众参加革命斗争,培养了许多革命精神。这种革命精神随着时间的流逝,被认为是革命文化的重要内容,具有不可磨灭的价值,是非常宝贵的精神财富,是学生的"精神家园"。

3.用革命文化功能培育时代新人

革命理想比天空高,革命文化有着丰富的教育资源,包括革命纪念碑、教育基地、历史事件、重要历史时期、文学和艺术创作、革命和地方革命历史。也有革命文学艺术作品,例如电影和电视作品《红岩》、诗词《长征》、歌曲《义勇军进行曲》、画作《井冈山会师》等,反映并传达了坚定的革命意志,深厚的爱国主义和对革命先烈的朴素之心。这些高质量的革命资源直接和清晰地反映了革命文化。

二、以革命文化培育时代新人的价值分析

党的十八大以来,习近平多次在不同场合谈到文化自信并强调:"文化自信心,是一种更基础、更广泛、更深厚的自信。"①中国优良的传统孕育了五千多年的文明发展,文化、革命文化和先进的社会主义文化孕育了党和人民的伟大斗争,积淀了中华民族最深的精神追求,代表了中华民族的独特中华民族的精神认同。在社会主义文化的自信中,革命文化是过去与未来之间的重要纽带。革命文化是党和人民伟大斗争的产物。以马克思主义和"革命"为精神核心和价值取向为指导,继承了精彩的中国传统文化。这是一种具有中国特色的先进文化。这是文化实践中的信心、理论的起源和力量。传承红色基因是教育和指导青年学生形成对世界、生活和价值观的准确认识和增强文化自信心的关键。

---

① 《习近平谈治国理政》(第二卷),北京:外文出版社,2017年,第36页。

（一）反对历史虚无主义，坚定理想信念教育

时代新人之"新"，在于其在新的历史方位中肩负新的历史使命。志不立，天下无可成之事。实现中华民族伟大复兴这一使命，绝不是轻轻松松、敲锣打鼓就能实现的，需要理想信念的指引和支撑。这就决定了在强国建设、民族复兴的征程上，时代新人必然要将理想信念化为须臾不可分离的"生命之魂"。一方面，时代新人须以理想信念指引正确的奋进方向。站在时代经纬线上的时代新人，唯有知晓自己为何出发、前往何处，才能在正确的理想指引下，更加果敢地肩负使命担当，更加坦荡地走好复兴之路。另一方面，时代新人须以理想信念铸就精神支柱。在实现中华民族伟大复兴的长征路上有顺境也有逆境，在困难和挑战面前，唯有坚定理想信念才能信心更足、脚步更稳，才能只争朝夕、不畏艰难，为实现中华民族伟大复兴中国梦奋勇前行。

（二）传播社会主义核心价值观，坚定中国特色社会主义文化自信

"牢固的核心价值观，都有其固有的根本。抛弃传统、丢掉根本，就等于割断了自己的精神命脉"①，革命文化作为特定时期的中华优秀文化，是社会主义先进文化的精华，虽与社会主义核心价值观产生的时空不同，但在精神内核、目标追求上是十分契合的，包含了对民族振兴、国家富强、人民幸福的向往，都对国民的人格心理、精神面貌有所要求。在革命文化中，承载着社会主义核心价值观的基本理念，弘扬中国革命文化，对弘扬社会正能量，加强社会凝聚力起到了极为关键的作用，是培育和践行社会主义核心价值观的重要资源，也是重要载体。

---

① 《习近平在中央政治局第十三次集体学习时强调　把培育和弘扬社会主义核心价值观作为凝魂聚气强基固本的基础工程》，《人民日报》，2014 年 2 月 26 日。

"文化是一个国家、一个民族的灵魂。"[①]革命文化,是中国先进文化的重要组成部分,中国共产党带领中国人民从艰苦卓绝的革命历程中夺取了最终的胜利,离不开革命文化所蕴含的崇高价值追求、坚定理想信念等内涵,是中华民族在近代中国由衰弱走向复兴到富强的见证,也是新时代坚定文化自信的重要基础,是反对历史虚无主义的有力依据。当下,积极传播和弘扬革命文化,就是坚定不移坚持马克思主义理论的立场和观点,学习优秀共产党人、革命烈士身上的伟大品质。

(三)在激烈的国际竞争中赢得主动,解决"挨骂"问题

伴随着"十三五"时期的结束,全面建成小康社会已经取得胜利,实现民族复兴的伟大步伐迈进十分关键的一步,"十四五"时期是我国开启全面建设社会主义现代化国家、向第二个百年奋斗目标进军的关键期。为实现这一目标,必须坚持以人民为中心,激发人才创新活力。生产力是推动社会发展的决定性因素,劳动者是生产力中最活跃的部分,注重人才培养,是实现国家繁荣昌盛的必要条件,是深入实施科教兴国战略、人才强国战略的有效途径,有利于全面塑造发展新优势,为实现全面建设社会主义现代化国家提供人才储备和智力支撑。

立足以人民为中心的立场,坚持"三个有利于"的发展标准,在社会主义制度下,不仅能加快生产力的发展以满足人民对美好生活的需求,还能依照新的时代特点,培育有理想、有本领、有担当、有道德的时代新人,这是我国社会主义制度的明显优势。国家力量的对比,除了经济、科技、军事之外,还有人才的竞争,而经济、科技、军事力量的发展,归根到底是人的发展。我国综合国力不断提高,与我国的教育方针,重视教育,有着重要关系。强调精神

---

① 《习近平谈治国理政》(第三卷),北京:外文出版社,2020年,第32页。

文明建设,是社会主义制度与其他社会制度的一个显著区别,是社会主义制度优越性的重要体现。

全面建设社会主义现代化国家不可能立足世界之外,中国与世界密不可分,为了推动经济社会发展,需要营造良好的发展环境。发展环境直接关乎竞争力、生产力,因此,培育时代新人,讲好中国故事,提高国际话语权,是营造良好发展环境,抓住机遇,实现发展的又一保障。在世界处于百年未有之大变局的背景下,中国实现中华民族伟大复兴的征程中,中国人民已解决"挨打""挨饿"的问题。为解决"挨骂"问题,必须在坚持中国共产党的领导下,勇担促进世界和平发展的重任,发挥负责任大国的作用,必须以革命文化培育时代新人,提高中国在国际上的影响力。

三、以革命文化培育时代新人的现状调查

为了科学分析当前革命文化培育时代新人的现状,笔者 2020 年对湖南省内三所高校(湖南工业大学、湖南电工职业技术学院、湖南科技大学)的学生做了抽样问卷调查,此次调查对象包括研究生、本科生、在校大专生和在职大专生,共 500 人。其中 14~45 岁的人数为 464 人,占比 92.8%,共计发放问卷 500 份,回收 500 份,有效回收率为 100%。

(一)问卷调查总结

革命文化作为中国特色社会主义先进文化的重要组成部分,在培育时代新人上有其特殊的价值,为了落实立德树人的根本任务,应加强对革命文化的重视和宣传。在问卷调查中,笔者发现,绝大多数时代新人在一定程度上对革命文化有所了解,但了解的内容不多、范围较窄、深度较浅。时代新人接触革命文化的渠道虽多,但他们主动了解革命文化的兴趣较低。虽然大部

分被调查者积极看待革命文化,但还有人对革命文化认同度不高。

综上所述,以革命文化培育时代新人的途径很广,时代新人普遍对革命文化抱有积极态度,这是革命文化培育时代新人取得的主要实效,但他们对革命文化的了解较为简单和模糊,部分时代新人对革命文化的接受程度不高,这是当前革命文化培育时代新人的主要问题。

(二)当前革命文化教育取得的主要实效

1.党和国家高度重视取得的成效

首先,体现在习近平的多次讲话中。2017 年 1 月 6 日,习近平在十八届中央纪律检查委员会第七次全体会议上强调,党员、干部要坚定文化自信,永葆共产党人政治本色,要有中华优秀传统文化、革命文化、社会主义先进文化的底蕴和滋养。2017 年 10 月 18 日,中国共产党第十九次全国代表大会提出,促进中国特色社会主义文化的发展与繁荣,坚持社会主义核心价值观,继承革命文化,增强文化自信心。2018 年 3 月 8 日,习近平在参加第十三届全国人民代表大会第一次会议山东省代表团的审议时,提出"红色基因就是要传承",雄辩地表达了继承革命文化的重要性。2018 年 8 月 21 日习近平在全国宣传思想工作会议上提出要在新形势下做好宣传思想工作,促进文化建设,完成文化建设任务,继承革命文化。2019 年 3 月 18 日,习近平在学校思想政治理论课教师座谈会上指出,我们对越来越好地进行思想政治课程建设的信心源于其雄厚的实力和重要的基础。其中,优良的传统文化、革命文化和先进的社会主义文化为思想政治课的建设提供了条件。2020 年 9 月,习近平在教育文化卫生体育领域专家代表座谈会上提到要继承革命文化。习近平多次直接强调要提升文化软实力,加强社会主义文化建设,宣传革命文化是题中之意,时代新人可以直接接触。

其次,体现在纪念特殊节日中。革命文化是由革命先辈在革命历程中创造出的文化成果,2013 年 12 月 26 日,习近平在纪念毛泽东同志诞辰 120 周年座谈会上提到,毛泽东在青年时期就立志拯救民族于危难之中,中国革命陷入危机之时创造性地将马克思主义中国化,青年学生、时代新人也可以从中感受到毛泽东志存高远、实事求是、心怀人民的高尚革命精神,这也易于时代新人所接受。它代表着中国不断自我发展的民族特征,以爱国主义为核心的民族精神,也是革命文化的具体精神体现。2019 年 4 月 30 日,习近平在纪念五四运动 100 周年大会上提出,新时代中国青年要继续发扬五四精神。[①]

最后,体现在对革命文物的重视上。中国革命遍布整个中国,每个地区都会有当地的革命旧址和革命文物展览馆,这是革命文化的实物展示,每每接触到,时代新人都能从中感受到革命精神,就会潜移默化地受到革命文化的熏陶。如到上海中共一大会址、南湖革命纪念馆会想到敢为人先、开天辟地的"伟大建党精神""红船精神",参观长征纪念馆会想到自强不息、百折不挠,具有革命乐观主义的"长征精神",到了井冈山纪念馆、遵义会议旧址、延安窑洞、西柏坡旧址……都会想起与之相关的革命岁月,想到中国共产党带领中国人民艰苦卓绝的斗争历程,想到革命文化的精神内涵。习近平强调,"要加强文物保护和利用,加强历史研究和传承,使中华优秀传统文化不断发扬光大""要做好长城文化价值发掘和文物遗产传承保护工作",都是重视革命文化的体现。

党和国家对革命文化的高度重视,有利于时代新人了解并接受革命文化。

2.学校对革命文化培育学生的重视取得的成效

要把课堂教学和实践教学有机结合起来,充分运用丰富的历史文化资源,领悟为什么要坚定"四个自信"。在问卷调查中可见,时代新人对革命文

---

① 《习近平谈治国理政》(第三卷),北京:外文出版社,2020 年,第 333 页。

化的了解和接受大部分是直接来源于学校,随着"课程思政"的推动,学校对时代新人的培育重视革命文化教育资源的利用,也是各学校推动中国特色社会主义文化繁荣兴盛的必然要求。

学校高度重视革命文化,首先体现在各级党委的重视上,他们加强自身建设,以身作则。笔者所调查的三所学校党委都站在讲政治的高度,加强自身建设。如 2020 年 9 月 29 日,湖南化工职业技术学院召开扩大会议,提出五级廉政教育机制,筑牢"不想腐"堤坝;2020 年 10 月 29 日,湖南工业大学举行处级干部廉政教育专题辅导报告会,听取"纪检监察人员漫谈人生"的专题报告,以案说纪,以案说理。为了树立风清气正的校园氛围,廉政教育这样一项基础性思想教育活动久久为功。上行下效,学校党委勇于自我革命,学生看在眼里,记在心里,这是对革命文化一次极佳的教育宣传。

其次,为了落实课程思政的要求,培育能担当民族复兴大任的时代新人,建设一支可信、可敬、可靠、乐为、敢为、有为的教师队伍,各学校除了勇于自我革命、砥砺前行之外,还积极加强对学校各科任课教师的教学能力和政治素养的培养和考察。通过调查研究,几乎可以知道所有的学校为了推进课程思政都做过相关的教学评价实践活动,这对提高科任教师的政治觉悟、科学能力都是一种鞭策和鼓励,也间接提高了学生在课堂上对革命文化的认同感。各学校都会组织学生观看微党课——纪念五四运动 100 周年纪念日、纪念抗美援朝战争胜利 70 周年等。

3.科学技术的发展取得的成效

时代新人走在时代前列,是科学技术发展的直接享用者,对新鲜事物的接受度和上手度最高。伴随着科学技术的发展,人们了解革命文化的渠道很广泛。例如,高铁技术的发展推动着人们的生活方式、认知方式不断转变,全国各地观光旅游的人数日益增多,从广州到北京只需要八个小时,从株洲到黄陂仅需要一个小时。交通的便利方便了人们的出行,也有助于革命文化的传播。此外，信息媒体技术的发展也有利于加深时代新人对革命文化的了解。智能手机的兴起加速了信息爆炸的力度，生活出行、娱乐学习，用一部手机就能轻松完成。网络上很多平台都在推送革命文化，如学习强国、青年大学习、湖南红星云等。学习强国平台可以通过观看视频、每日答题、挑战答题等趣味活动获取学习积分，既学习了知识，又轻松愉快，颇受受众的喜欢；青年大学习是学习微党课的最直接途径，将理论知识与时事热点结合起来。近年来，许多影视作品都与革命文化相关，强调相关革命精神，如《亮剑》《金刚川》《保家卫国——抗美援朝光影纪实》《风声》等，都强调国家、民族，在大家观影时有很深感触，许多观影者在观影后会自行学习相关的文化知识，推动了时代新人对革命文化的了解。在相关革命纪念日到来之时，大家在朋友圈、QQ 空间等平台发表动态回忆历史，缅怀先烈，在潜移默化中推动了革命文化的传播，加深了革命文化对时代新人的影响。

（三）当前革命文化教育存在的主要问题

1.学校（单位）教学形式存在单一现象

首先，教学途径单一。从调查问卷结果可知，以革命文化培育时代新人的途径主要是思政课堂，由思政课教师进行教学，其他专业课或者课余的教学实践几乎很少，学生获取革命文化的相关信息的渠道十分单一。近年来，越来越重视思政课堂和课堂思政的结合，但在实际教学中，仍需要完善和发展。

其次，革命文化传播者单一。革命文化培育的传播者主要是思政课教师，但思政课教师的水平参差不齐，内化力有限。在学校教育中，思政课教师队伍是传播革命文化的主力军，但在实际的传播过程中，部分教师只沉浸在书面教材和教参，而这些教育资源是有限的。有的思政教师甚至在备课时照搬照拿网上的公共教学资料，沿用他人的成果，自己没有思考、没有创新，如果拘泥于此,将大大削弱学生对革命文化的接受能力。

最后,教育方法单一。生活处处皆政治,政治与每个人息息相关,但许多人都认为政治离我们十分遥远,这实际上就是教育方法的问题。教育方法几乎以理论灌输为主,理论仅限于书本,和实际生活联系不紧密,所以受众才不易接受。因此,学生才会觉得革命文化内容过于政治化,内容陈旧,这严重影响了以革命文化培育时代新人的培育效果。

2.革命文化与时代新人存在时空差距

时代新人学习的自主性不高也可以分析其原因,最关键的一点是青年学生与革命文化产生的时间和空间有着深深距离感。黑暗的旧中国,内忧外患,军阀混战不已、民族备受凌辱、人民生活困苦不堪;迈入新时代的中国,国泰民安、人民团结一致、勠力同心,百姓生活安居乐业,越来越美好。曾经的中国物资匮乏,中国人民食不果腹、营养不良。现在大部分年轻人哪里能体会这样的生活?时代背景不一,感受不一,人们的世界观、人生观、价值观也会随之而变化,时代新人的内在心理已发生了深刻变化。在新时代宣扬的英模人物如黄继光、邱少云、雷锋等,他们作为时代新人的榜样,身上有崇高的品格,令人心生敬佩。如果以革命文化培育时代新人不从新时代的实际情况出发,那么很难引发学生共鸣,提升他们的学习兴趣。正因为时代新人与产生革命文化的时间、空间有所差距,因此他们对革命文化的了解和接受度在一定程度上并不高。

3.受到错误社会思潮的影响

针对"对革命文化认同度不高的原因"的调查,大部分调查者认为"受到西方价值观念的影响""受到市场经济下错误价值观念的影响",及"革命文化不具备时效性"。从中可以看出,时代新人的革命文化培育有着不小的阻力。

首先,受到西方价值观念的影响。在革命实践中,历史和人民选择了中国共产党的领导,选择了马克思列宁主义作为指导思想,选择了社会主义道路,马克思主义认为人民是历史的创造者,中国共产党的根本工作路线是群众路线,人民是国家的主人,这与西方的利己主义价值观念产生冲突。伴随着经济全球化的不断发展,中国与世界的往来日益密切,以西方文化为主题的文艺作品、网络游戏等大量涌入中国市场,成为一种时尚潮流吸引着茁壮成长的时代新人,削弱了他们对马克思列宁主义的信仰和对革命文化的认同,这是历史虚无主义的体现。西方价值观念否定人民群众的力量,丑化、妖魔化中国共产党领导的中国革命、建设和改革取得的辉煌成就,削弱了革命文化对时代新人的导向作用。

其次,受到市场经济错误价值观念的影响,为了促进国际经济的恢复与发展,充分发挥市场的作用,我国实行社会主义市场经济制度,既带有社会主义的特征,又带有市场经济的特征。市场经济追求利益最大化,这容易产生重利、欺瞒的错误价值观念,这对时代新人的培育形成了极大的价值冲击。改革开放四十多年,时代新人们沐浴着改革的春风,也容易接收到错误思潮,假冒伪劣产品层出不穷、豆腐渣工程一直存在、旅游景区的天价食品、地沟油流入市场等新闻屡见不鲜,这都与革命文化中的“诚实守信”“严守纪律”相违背,导致人与人之间信任感降低;一些官员懒政、贪污,手中的权力成了他们攫取更多私利的最佳工具,这极大地损坏了共产党员的形象,埋藏了脱离人民群众的极大危险,深深冲击了革命文化对人们的正确影响。除此之外,还有调查者提到,现代流行文化的过度娱乐化也侵蚀着革命文化对时代新人的培育。文化市场追求利益,文化产品质量良莠不齐,一些文艺作品是传播革命文化、弘扬正能量的残次品,甚至是危险品,文化市场监管力度不足的问题影响着时代新人对革命文化的接受和认同。因此,当时代新人在社会实践中面临理想与现实之间的矛盾时, 他们就会对其所接触到的革命文化有所质疑。

革命文化教育是一个比较好的干部思想教育方式,要丰富形式,让革命文化教育入脑入心,让学习者从革命文化教育中汲取历史营养,把这种精神在工作中继承下去、发扬开来。革命教育作为一项有意义的工作,同样来不得半点假把式。要让时代新人在看中学、在学中悟,在悟中汲取历史营养、提升自我。

四、以革命文化培育时代新人的实施路径

革命文化作为一类特殊的优质教育资源,在培育时代新人的过程中有着不可替代的作用。培育时代新人,并非一朝一夕之事,应有原则地以革命文化培育时代新人,不能单靠某人或某类群体去实践,而应从政府、学校、家庭等多方面综合考虑。

(一)指导原则

时代新人革命文化培育的原则是革命文化培育活动开展所需要依据的基本准则,对时代新人革命文化自信培育的原则有所把握,才能够更好地探寻出其中的规律,从而提出有效的培育路径。

1.革命文化培育和践行社会主义核心价值观相结合的原则

革命文化与社会主义核心价值观在本质核心上是契合的。其一,对社会主义核心价值观来说,革命文化就是不能抛弃的传统、不可丢掉的根本。因为革命文化蕴藏着党和人民群众在长期奋斗历程中所形成的丰富优秀革命精神,是中国共产党人精神特质的集中体现,是中华民族精神新的升华,也是建设社会主义核心价值体系的重要来源。由此可见,革命文化在大力促进培育和践行社会主义核心价值观方面拥有得天独厚的优势。因为它既能增进人们对社会主义核心价值观理论的认知、理解与认同,又可为人们践行社

会主义核心价值观提供有效的载体与科学的路径。所以,无论是从价值认同方面,还是价值实践层面来看,革命文化都是时代新人培育和践行社会主义核心价值观不可或缺的特色文化资源。其二,社会主义核心价值观对时代新人革命文化自信的培育具有价值引领作用。首先,社会主义核心价值观中"富强、民主、文明、和谐"以及"自由、平等、公正、法治"的内容,分别从国家层面和社会层面要求我们培育一代又一代有理想、有担当的时代新人,指引时代新人坚定崇高的理想信念,发扬伟大的革命斗争精神,为中华民族伟大复兴奋勇拼搏。其次,从社会主义核心价值观的个人层面来看,"爱国、敬业、诚信、友善"的内容引领时代新人在接受革命文化培育的过程中,坚定爱国主义情感,并在工作与生活中保持艰苦奋斗、积极创新的态度,以实现自己的人生理想。可见,革命文化与社会主义核心价值观是相互映射的。

革命文化与社会主义核心价值观二者之间存在着紧密联系,当前,我们要充分汲取革命文化所蕴含的思想精髓和道德精华,深入挖掘革命文化中的崇高理想信念及爱国主义、革命斗争精神、创新精神等先进革命精神内涵,将二者紧密联系起来。在对时代新人进行革命文化自信培育的过程中,也要引导时代新人积极践行社会主义核心价值观,只有将二者结合起来才能不断地提高时代新人革命文化自信培育的实效性,才能更好地促进时代新人各方面素质的提升,更好地培育出中国特色社会主义事业合格的建设者和接班人。

2.坚持理论与实践相结合的培育原则

新时代开展时代新人革命文化培育,需坚持理论与实践相结合的基本原则。当前,高校对时代新人进行革命文化培育,采取的形式仍以理论教育为主,尽管时代新人革命文化自信的培育离不开理论教育,但不可否认的是,纯粹的理论教育更加注重的是对学生进行理论知识的灌输,无法激起时代新人的学习热情,也难以提高学生的学习能力,直接导致对学生学习能力培养的忽视。而实践教育则更加注重学生综合能力的培养,丰富的革命文化实践活动,更能够培养学生的注意力,激发学生的好奇心,使得学生更愿意投身于革命文化的学习,有利于促进时代新人在实践活动中联系课堂上的理论知识,强化对革命文化的认同感与自信心,使其在实践过程中坚定革命理想信念。因此,高校在对时代新人进行革命文化自信培育时不能一味地灌输,应当遵循理论和实践相结合的培育原则,引导时代新人在实践中感知革命精神在新时代的重要价值与意义,从而以先进革命精神为动力激励自身不断努力,实现自己的人生理想。

(二)培育路径

1.政府加强革命文化育人指导

(1)引领革命文化主题社会实践活动广泛开展

高校对时代新人进行革命文化教育,必须重视实践育人,在社会实践的理念、组织、方式等方面加强宏观指导与统筹,从而形成科学的社会实践育人机制。在实践理念上,要始终坚持人本导向,尊重时代新人的成长发展规律,以关爱和服务学生为中心,积极引导时代新人在社会实践中传承革命文化,并以此为主题对社会实践项目科学设计、合理规划。在实践方式上,要依托思想政治理论课实践教学和时代新人社会实践第二课堂,扩大社会实践的覆盖面,提升时代新人的获得感。在实践组织上,既要充分调动高校团委、学工部、二级学院等社会实践组织者的积极性,建立科学的校内组织机制,又要推动与校外实践基地如革命遗址、博物馆、爱国主义教育基地等之间的合作,打造校内与校外相结合的社会实践组织机制。

(2)加强宣传将革命文化教育融入日常生活

将革命文化与民俗文化结合起来,融入日常生活中。民俗文化,是指民间的风俗生活文化,泛指一个国家、民族、地区中集居的民众所创造、共享、传承的风俗习惯。中国民俗文化源远流长,与社会氛围休戚相关。民俗文化具有娱乐功能,其"娱乐功能不是纯粹的,总是寓教于乐"。因此,民俗民风具有一定的教育功能。将革命文化与民俗文化结合起来,是对革命文化传播方式的创新,有利于促进革命文化对时代新人的培育。风俗习惯作为民俗文化的具体表现,是约定俗成、深入人心的,具有稳定性,对人的影响十分深远。"乡音无改鬓毛衰",革命年代的先辈们,他们背井离乡、南征北战,走过许多的地方,但是其生活习惯并没有随着时间、地点而发生改变,往往是在家乡生活的时候就养成了,哪怕是久未归家,也不会轻易改变。正因为民俗文化有着这样的特征,如果将革命文化融入民俗习惯,那么革命文化教育的影响力非同小可。生日宴请宾客、逢年过节人情往来,这是一种日常习惯,毛泽东担心在胜利来临之际,人们被喜悦冲昏头脑,形成官僚作风,脱离群众,在党的七届二中全会上却做了"不做寿、不送礼"的规定,共产党员有自己的作风,而这样一种规定,正是将共产党员应有的作风融入民俗民风中,更是体现了革命文化的内涵。中国传统节日,内容丰富,是中国极其多样形式的习俗的代表,随着节日仪式的展开,节日的内涵和意义得到呈现。在进入新时代的今天,为了凸显传统节日在新时代庆祝的重要意义,人们展开这些节日仪式之前,可以缅怀革命先辈,饮水思源,让革命文化教育成为仪式的一部分。

革命文化与民俗文化相结合,让其融入日常生活的方方面面,可以展现出新时代的独特魅力,但需注意的是,不同的地区民俗风情不一,具体的结合方式也就不一,在融入的过程中,要坚持灵活结合的原则。当革命文化像空气一样无处不在,融入日常生活的方方面面,亦成为一种约定俗成的惯例,以其培育时代新人的良好社会氛围就已经形成。

（3）丰富革命文化传播内容

丰富革命文化传播的内容,有利于激发时代新人对革命文化的兴趣,缩小时代新人与革命文化之间的时空差距。当下革命文化传播的内容主要是时代已久的知名人物和知名事件，例如谈到方志敏，大多数人会立刻想到《可爱的中国》，但谁能知道方志敏的狱中文稿经历几番周折才大白于世，才有机会被我们阅读，谁能知道方志敏在狱中，通过自己的宣传教育，竟说服狱中十来人投身革命？而当读者知道这些，更能明白从前革命环境的恶劣，更能明白方志敏身上那种不论在何时何地，积极进行革命斗争的坚定信仰与不屈不挠，对以革命文化培育时代新人有着更强的吸引力、冲击力和说服力。除此之外，大部分接触到的革命文化传播的内容往往是如张思德、董存瑞、雷锋这样的人物，那么长此以往，传播对象对此信息的敏感度会降低，甚至认为，这与自己并没有太大关系，革命文化的传播也就无从谈起，革命文化的教育更是效果甚微。

近代中国，革命的浪潮席卷了全中国，革命的足迹遍布了全国各个角落，各地的革命英烈数量非常多，他们身上的革命故事、革命气节同样感人至深，让人肃然起敬。例如在面对敌人极其残暴的酷刑时高呼"我是铁！我是钢！我是共产党员！杀了我朱子和，还有朱子和"的朱子和；在抗击来势汹汹的"清乡"斗争时，为了保护更多群众，面对敌人主动喊出"我是共产党的头，有什么冲我来"的林蔚；在面临急转直下的革命形势时，依然坚决留在危险地区进行革命斗争的沈春农，在大家劝说他离开时，说道"砍了脑壳，只有碗大的疤"……牺牲时，朱子和21岁，林蔚30岁，沈春农39岁。全国各地，还有很多这样不知名的革命先烈，牺牲时正是风华正茂。对时代新人的培育来说，这是很好的革命文化传播内容。但为什么他们的事迹鲜有人知、故居没有人去？还是宣传力度不够。若当地青年知晓，在他们的故乡，甚至就是邻村、本村，竟有这样伟大的人物，那他们的心灵得有多么震撼！革命文化教育效果显而易见。因此，加大革命文化宣传力度，丰富革命文化传播内容十分必要。

革命文化传播的内容往往是长征精神、西柏坡精神等,虽说进行革命文化的传播时,内容要尊重历史、尊重事实,但在新时代,传播革命文化,可以更多宣传与时代特点相结合的相关信息。例如在 2021 年初被追认为中共党员的李瑞芝,她"在抗击疫情关键时刻挺身而出、冲锋在前、英勇奋战、不怕牺牲",这是革命文化在新时代的生动写照;再如坚守在北斗系统建设历经21 年背后的年轻人,他们默默无闻、信仰坚定、团结一致,正是堪当民族复兴重任的时代新人,是青年群体最明显最直接的榜样! 宣传他们身上革命精神的光辉,能够丰富革命文化传播的内容。

(4)重视党史研究工作

"一切向前走,都不能忘记走过的路;走得再远,走到再光辉的未来,也不能忘记走过的过去,不能忘记为什么出发。"①革命文化伴随着中国共产党的发展而发展,应重视党史研究,才能更好地弘扬革命文化,促进革命文化教育、培育时代新人。重视地方的革命文物的保护、开发和利用,有利于丰富革命文化的传播内容。革命文物是革命文化的物质载体,保护和利用好地方革命文物,使得地方的革命文化能在当今时代焕发出生机与活力。国务院出台《关于实施革命文物保护利用工程(2018—2022 年)的意见》,正是党和政府对此十分重视的说明。促进革命文化内容的丰富,有利于营造良好的以革命文化培育时代新人的社会氛围。

良好的社会氛围、社会环境是实现革命文化教育的重要保障,政府统筹革命文化育人指导,营造良好的社会氛围,有利于加强革命文化培育时代新人。

2.学校重视革命文化育人功能

学校作为专门的教育机构,将革命文化融入时代新人的培育上有着天

---

① 习近平:《在庆祝中国共产党成立 95 周年大会上的讲话》,《人民日报》,2016 年 7 月 2 日。

然的优势,针对此前已分析出的问题,要从以下三个方面加以完善和发展。

(1)营造良好的校园氛围,加深革命文化的影响力

校园氛围可分为物质氛围和精神氛围,营造良好的校园氛围有利于时代新人润物细无声地接受革命文化的熏陶。物质氛围例如建筑风格、特色场景、醒目标语等,指时代新人眼睛看得到、手能接触到,能直观感受的物质存在,将革命文化融入其设计之中展现出来,有利于帮助时代新人直观接触革命文化、了解革命文化,更清楚地认识到革命文化的重要性。

相比于物质氛围,精神氛围相对来说比较隐性和微观,但对时代新人的影响力更强,主要包含了学校的校风、教风和学风。校风是一所学校所特有的占主导地位的行为习惯和群体风尚,反映了全校师生的道德水平,校训是校风的凝练总结,如北京大学校训"爱国、进步、民主、科学"、清华大学校训"自强不息、厚德载物"、湖南大学校训"实事求是、敢为人先",这不仅体现了一个学校对全体师生的殷殷期望,也符合革命文化的科学内涵。将革命文化融入时代新人的培育,有利于推动学校的校风建设,校风建设良好,有利于革命文化的传播,有利于时代新人的培育,二者相互支撑、相辅相成。教风,是教师在长期教育实践中形成的教育教学特点、作风和风格,是教师的品格、文化知识水平、教育理论、教学技能等素质的综合体现。教师是人类灵魂的工程师,是辛勤劳作的园丁,良好的教风要求教师有崇高的道德修养,有一定水平的业务能力,才能培养出健康成长的时代新人,这就要求教师要严于律己,常学常新,这与革命文化内涵一致。因此,良好的教风需要革命文化的熏陶,也有利于革命文化的传播。学风,指一个学校的治学精神、治学态度和治学原则,简单来说就是学校的学习风气。在革命年代,人们生活环境异常贫困,学习条件异常艰苦,依然秉持不畏艰难、一丝不苟、求真务实的学习风气,这是我们应该继续保持和肯定的。良好的学风与革命文化的内涵保持一致,要培养好时代新人,必须养成良好的学风,也必须推进革命文化的传播。

营造良好的校园氛围,有利于强化时代新人的革命文化教育,提升他们对革命文化的认同和理解,加深革命文化的影响力。

（2）重视思想政治课程建设,巩固革命文化传播主阵地

"思想政治理论课是落实立德树人根本任务的关键课程。"[1]培育时代新人,运用革命文化教育资源,应重视思想政治课程的建设,巩固革命文化传播主阵地。

"办好思想政治理论课关键在教师"[2],重视思政课堂,首先应重视思政教师队伍建设。第一,提升思政教师的思想高度。思政教师和普通专业课教师的定位、功能有所联系,也有所区别,作为一名思政教师,更应明确我们培养什么样的人、为谁培养人的问题。我们培养的人才,应是拥护中国共产党领导和我国社会主义制度的人才,应是立志为中国特色社会主义事业奋斗终身的人才,这是思政教师的职责所在,讲政治十分合理,也十分必要。民心是最大的政治,人民性是革命文化的基本特征之一,思政教师"政治要强,让有信仰的人讲信仰"[3],应始终保持政治清醒,运用革命文化,从历史和现实出发,旗帜鲜明地站在国家、人民、集体的高度展开教学。第二,加强思政教师师德师风建设。师德师风作为一种隐性教育资源,对时代新人的思想品德、行为举止有极大的示范和引导作用。作为思政教师,"人格要正,有人格才有吸引力"[4],热爱祖国、崇高理想、艰苦奋斗、自我革命、团结一致作为革命文化的基本内涵,可作为思政教师师德师风建设的标准之一,教师应言行

---

[1]　张烁:《用新时代中国特色社会主义思想铸魂育人　贯彻党的教育方针落实立德树人根本任务》,《人民日报》,2019 年 3 月 19 日。

[2]　张烁:《用新时代中国特色社会主义思想铸魂育人　贯彻党的教育方针落实立德树人根本任务》,《人民日报》,2019 年 3 月 19 日。

[3]　张烁:《用新时代中国特色社会主义思想铸魂育人　贯彻党的教育方针落实立德树人根本任务》,《人民日报》,2019 年 3 月 19 日。

[4]　张烁:《用新时代中国特色社会主义思想铸魂育人　贯彻党的教育方针落实立德树人根本任务》,《人民日报》,2019 年 3 月 19 日。

一致,自觉做学生的表率,使学生信其道。第三,增强思政教师的业务能力。为培育时代新人,教师应有精深扎实的专业知识储备。思政教师以马克思列宁主义、毛泽东思想和中国特色社会主义理论,特别是习近平新时代中国特色社会主义思想为基本专业知识,为提高自身业务水平,备好课、授好课,让受教育者切实学到知识,必须不断加强学习,提升自我。只有这样,才能在教学实践中对相关知识进行深入浅出、合乎实际的阐述。除加强学习、提升自我外,思政教师"思维要新""视野要广",思政课程本就是时政性很强的学科,若教师因循守旧,不及时跟上时代步伐,走在历史前沿,就无法创新课堂教学,教学效果也将一般。革命文化伴随马克思主义中国化的历史进程不断丰富和发展,在新时代有其时代价值,其本身属于思政教师的业务范围,因此,温故知新,与时俱进,增强思政教师的业务能力,是推进革命文化融入时代新人培育中的必然要求。

其次,重视思政课,还应重视思政课堂的质量。提升教学质量,必须在展开的教学过程中将理论和实际相结合。理论联系实际,作为党的优良作风之一和实事求是思想路线的基本内容,在推进思政课堂教学时,这一原则不可忽视,尤其如"马克思主义基本原理""毛泽东思想和中国特色社会主义理论体系概论"这样的科目,具有很强的理论性,如果不能将书本理论和生活实际结合起来,学生很难参与到课堂,更谈不上对知识点的理解和运用,革命文化在课堂之上就不能被很好地传播和弘扬。第一,重视理论教育,采用合适的教学方法,在理论输入的过程中,充分发挥学生的主体性,以便其更直观理解和消化理论知识。如"思想道德与法治"这门科目中"中国革命道德的基本内容"板块的教学设计,可采用"故事会"的形式,让学生讲述家乡的革命小故事,请他们阐述这些小故事能体现中国革命道德的哪些基本内容。这不仅使学生掌握好相应的理论知识,还能增强他们对课堂的参与感,从而提升他们对课程的学习兴趣。第二,将革命文化教育融入实践教育中,例如湖南科技学院外国语学院的辅导员王素芳,她正是在每日查寝时,给学生讲一个红色故事——"半条被子""英雄陈树湘"等,学生的参与度很高。这种实践教育途径有很多,如组织学生参加当地的红色景点的旅行,在轻松愉快的旅途中接受革命文化的熏陶,又如组织革命传统教育主题班会,邀请当地老干部做爱国主义专题报告,让新时代的青年学生近距离接触革命英雄,缩小时空差距,革命文化的感染力更强,也更容易对时代新人产生积极影响。

(3)思政课程与课程思政相结合,将革命文化融入"三全育人"机制

在学校宣传革命文化以培育时代新人的进程中,构建"三全育人"机制,应将思政课程与课程思政结合起来,形成协同效应。课程思政的本质是立德树人,理念是协同育人,主要形式是将思想政治教育的元素与其他各科专业课程结合。树新人不应只是思政教师或者辅导员的工作,应该全校老师共同努力,将其他各科专业课程的思想政治教育功能与相关专业知识或专业技能结合起来。革命文化教育是思想政治教育很重要的一环,推进"三全育人"机制,融入革命文化也是题中应有之义。各科任课教师充分发掘蕴藏在各科专业课程中的革命文化,结合专业特色来展开教学,如外文专业的学生,可以翻译新民主主义革命时期的报纸、杂志、书籍等增加对革命文化的理解,如数学专业的学生,可以利用统计学、大数据分析来解释革命时期的相关问题,这既增长了专业知识、巩固了专业技能,又直观地接触到革命文化,更可以了解到革命文化的重要性,对实现以革命文化培育时代新人有重要影响。

夸美纽斯在《大教学论》中提出,"学校是造就人的工场",表明学校在培养人才、塑造人才中起着关键作用。宣传革命文化,培育时代新人,应将学校教育摆在关键位置,充分重视学校教育。

3.将革命文化融入家庭教育

为推进社会主义精神文明建设,引导青年树立正确的价值观念,以革命文化培育时代新人,离不开家庭教育。"家庭是社会的基本细胞,是人生的第

一所学校。不论时代发生多大变化，不论生活格局发生多大变化，我们都要重视家庭建设、注重家庭、注重家教、注重家风，紧密结合培育和弘扬社会主义核心价值观，发扬光大中华民族传统家庭美德，促进家庭和睦，促进亲人相亲相爱，促进下一代健康成长，促进老年人老有所养，使千千万万个家庭成为国家发展、民族进步、社会和谐的重要基点。"①将革命文化融入家庭教育是新时代家庭建设的时代要求，也是培育时代新人的客观要求。

（1）家长利用革命文化做家庭教育

子不教，父之过，中国自古以来就重视家庭教育，教育子女，是父母的基本职责。"革命传统教育要从娃娃抓起，既注重知识灌输，又加强情感培育，使红色基因渗进血液、浸入心扉，引导广大青少年树立正确的世界观、人生观、价值观。"②家庭要从小抓青少年的革命传统教育，让红色基因代代相传，让红色革命文化滋养青少年成长。

第一，家长对子女应进行有声的教育，即言传。理论说教不只是教师要做的事情，为了帮助子女形成正确的思想观念，养成良好的行为习惯，家长的理论说教十分重要。"广大家庭都要重言传、重身教，教知识、育品德，身体力行、耳濡目染，帮助孩子扣好人生的第一粒扣子，迈好人生的第一个台阶。要在家庭中培育和践行社会主义核心价值观，引导家庭成员特别是下一代热爱党、热爱祖国、热爱人民、热爱中华民族。要积极传播中华民族传统美德，传递尊老爱幼、男女平等、夫妻和睦、勤俭持家、邻里团结的观念，倡导忠诚、责任、亲情、学习、公益的理念，推动人们在为家庭谋幸福、为他人送温暖、为社会作贡献的过程中提高精神境界、培育文明风尚。"③将革命文化融进理论说服，增强说服力和冲击力，有利于子女接受革命文化的熏陶，将相

---

① 《习近平关于注重家庭家教家风建设论述摘编》，北京：中央文献出版社，2021年，第3页。
② 习近平：《论党的宣传思想工作》，北京：中央文献出版社，2020年，第26页。
③ 《习近平关于注重家庭家教家风建设论述摘编》，北京：中央文献出版社，2021年，第19页。

关信息转化为正确的行动。如革命时期,毛泽东对家庭教育十分重视,除李讷在身边外,与其他孩子常有书信往来。在书信中,他告诫子女,要认真学习、脚踏实地,掌握为国家和人民服务的真才实学。再如,新时代人民英雄张伯礼,2020 年,张伯礼同儿子张磊俩人同在抗击新冠肺炎疫情一线,却未曾见上一面。"不贪不沾,守住底线",是张伯礼对儿子的告诫。以上能体现出毛泽东、张伯礼对子女的深深父爱,也能看出言传的必要性和重要性。通过理论说服,进行家庭中的爱国主义教育、理想信念教育,这与革命文化的基本内涵一致,也是时代新人身上应有的品质。

第二,还应加强对子女的无声的教育,即身教。相比于言传的直接,身教更为隐性。长辈的行为习惯直接影响子孙后辈,通过耳濡目染,形成一种家风。"家风是社会风气的重要组成部分。家庭不只是人们身体的住处,更是人们心灵的归宿。家风好,就能家道兴盛、和顺美满;家风差,难免殃及子孙、贻害社会,正所谓"积善之家,必有余庆;积不善之家,必有余殃"。"诸葛亮诫子书、颜氏家训、朱子家训等,都是在倡导一种家风。毛泽东、周恩来、朱德等老一辈革命家都高度重视家风。中国共产党注重自身建设,不难发现,家风败坏往往是领导干部严重违法违纪的重要原因之一。将革命文化融入家风建设,家长要为子女做榜样、做表率。守岛卫士王继才夫妇的先进事迹越来越为人所知所感动,收获了"人民楷模""最美奋斗者"等荣誉称号,但面对鲜花和掌声,他们从未改变过自己的初心,从未忘记过自己身上的职责。这样一种家国情怀、爱国信仰深深影响了他们的孩子王志国,王志国硕士毕业后,决定遵从父亲的愿望,继续守护五星红旗。这就是王继才夫妇的家庭教育,通过无声的教育,影响了王志国的信仰和追求。"广大家庭都要重言传、重身教、教知识、育品德,身体力行,耳濡目染,帮助孩子扣好人生第一粒扣子,迈好人生的第一个台阶。"①将革命文化融入父母的言传身教中,有利于培育时

---

① 习近平:《在会见第一届全国文明家庭代表时的讲话》,《人民日报》,2016 年 12 月 16 日。

思想政治教育的文化逻辑

代新人,帮助他们树立正确的思想观念、养成良好的行为习惯。

(2)将革命文化教育融入家庭日常活动之中

教育即生活,将革命文化融入家庭教育,可以体现在普通的家庭日常活动中。第一,在亲子互动中,将家族史与革命史结合起来。父母与孩子之间的互动,大多数是语言沟通,唠唠家长里短是亲子之间十分常见的相处模式。在这样的活动中,父母可将家族史中某位亲人身上的革命小故事很平常地说与子女听,既是亲子之间轻松愉快的闲聊,也是传播革命文化的一种方式。例如歌曲《听妈妈讲那过去的故事》中的场景,经历过旧社会的母亲,在和平年代,对子女讲述自己那段吃穿不足的日子,让孩子忆苦思甜,明白美好生活的来之不易,就是灌输一种积极向上的价值观念,充分利用家庭日常活动对子女进行教育。每个家族都经历过革命年代,将家族史与革命史结合起来,丰富亲子之间的日常生活,在润物无声中对子女进行革命文化教育,始终为时代新人的成长成才提供正确的家庭导向。第二,全家共同寻找红色足迹,参观革命纪念馆、游览红色遗迹等红色旅游景点。随着社会的不断进步,交通不断发达,全家一起利用闲暇时间,参观红色旅游景点,并不是十分困难的事情。这不仅可以丰富子女的感性体验,提高子女的综合素质,更是利用革命文化进行家庭教育的可行路径。每个地方都有当地革命先烈,都有红色旅游景点,尤其在特别的革命纪念日,参观伟人故里、革命纪念馆,感受红色氛围,这不仅能促进家庭成员之间的和谐相处,丰富家庭日常活动,更可以依靠这样的机会,进行革命文化的熏陶,有利于以革命文化培育时代新人。

4.结合新时代新技术传播革命文化

习近平指出:"人工智能是引领这一轮科技革命和产业变革的战略性技术,具有溢出带动性很强的'头雁'效应。在移动互联网、大数据、超级计算、传感网、脑科学等新理论新技术的驱动下,加上经济社会发展对信息技术的需求旺盛,人工智能加速发展,呈现出深度学习、跨界融合、人机协同、群智开放、自主操控等新特征,正在对经济发展、社会进步、国际政治经济格局等方面产生重大而深远的影响。"[1]新技术革命给传播带来深远影响。继承和弘扬革命文化,应该将时代特点和受众群体特点结合起来,不断创新并优化革命文化传播的方式。

(1)充分发挥互联网优势,利用新的传播平台

"互联网是一个社会信息大平台,亿万网民在上面获得信息、交流信息,这会对他们的求知途径、思维方式、价值观念产生重要影响,特别是会对他们对国家、对社会、对工作、对人生的看法产生重要影响。"[2]革命文化的传播速度随着互联网的发展日益加快,在信息化时代,手机、平板等移动设备已经成为当代青年的生活用品,基于此的线上交流平台和线上展示平台正在改变和丰富着时代新人的生活方式、交往方式和思维方式,碎片化阅读成为他们接受信息的重要来源。我们从这一客观事实出发,利用新平台,传播革命文化。例如微信,截至2023年第二季度,微信已经覆盖了超94%的中国智能手机,月活跃用户超13亿,传播范围广,青年群体是接收微信传播信息的主体受众。微信推出的"公众号"平台,通过这一平台,个人或企业都可以打造一个微信公众号,微信公众号便是传播革命文化极好的平台。青年学生可以在闲暇时间点击公众号进行阅读和学习,获取信息。《人民日报》公众号每日会推出《新闻早班车》栏目,除了分享时政新闻、当地政策、生活提示外,还有社会万象,每日都会播报当日发生的好人好事,不分时间、地点。再如抖音App,截至2023年5月,抖音App日活跃用户超7亿,青年群体是接受抖音App传播信息的主体受众。抖音App,让人们不仅可以分享自己的生活,认识更多志同道合的好朋友,了解各种奇闻趣事,还可以成为传播革命文化良好的平台。抖音App会推出热榜,"男子摸黑进店购物主动扫码付款""女孩没

---

① 《习近平关于网络强国论述摘编》,北京:中央文献出版社,2021年,第119页。

② 习近平:《论党的宣传思想工作》,北京:中央文献出版社,2020年,第194页。

钱乘车司机帮换钱被赠鸡蛋"等内容都在热榜上,受到很多用户的关注,通过观看15秒短视频,受众感受到主人公身上的优良品德,宣传的这些内容与革命文化的内涵一致,从侧面传播了革命文化。除了微信、抖音App外,还有如微博、快手、虎牙直播等新平台,这些平台颇受年轻人的喜爱,若利用好,有利于青年群体在休闲娱乐、轻松欢快的氛围中接受革命文化教育,让时代新人自觉接受革命文化教育,这是创新革命文化传播方式,以培育时代新人的方法和途径。

(2)利用新兴信息技术,推动革命文化传播

传统的传播方式主要是通过手口媒介、纸质媒介或电子信息媒介,传播革命文化的主要方式除了学校教育,一般是出版相关书刊,拍摄红色影视作品及参观红色旅游地。伴随着互联网的发展,包括计算机与智能技术在内的信息技术,日益成为人们生产、处理、交换、传播各种信息的工具。创新革命文化传播方式,需要依靠信息技术的使用。以VR技术为例,VR技术的全称是虚拟现实技术。这是一个可以创建和体验虚拟世界的计算机仿真系统,使用计算机生成虚拟环境,通过三维计算机、显示、声音、语言、感觉反馈等多种技术的综合,使用户沉浸在其中。以革命文化培育时代新人,VR技术有其独特的优势。首先,VR技术呈现革命文化的方式十分新颖,这与时代新人接触书籍、音频等传统媒介完全不同,获取信息的展现方式不同,使他们可以身临其境,感官冲击力很强,容易激发受众的情感共鸣。其次,使用VR技术的受众可以沉浸其中,这有利于促进时代新人化被动接受革命文化教育为主动参与。最后,VR技术作为新兴信息技术的一种,是一种新型技术,是新时代的产物,人们对其好奇度较高,对时代新人有很强的吸引力,这有利于激发他们的学习兴趣,使得他们愿意主动去了解。孕育革命文化的革命岁月对时代新人来说时间较为久远,与语言、图片或音频等途径的展示相比,他们对近代中国人民长期遭受剥削、压迫、战争摧残的苦难感受度远远不如通

过 VR 技术来得深刻和强烈,这一技术可以促进他们对革命历史的了解和认识,促进他们认识革命文化的重要性。除了 VR 技术,还有 3D 技术、大数据、人工智能等新兴信息技术。利用新兴信息技术,可以为革命文化的传播提供新的视角和更加便捷的渠道,有利于为培育时代新人营造良好的革命文化教育的社会氛围。

5.个人积极发挥主观能动性,加深革命文化涵养

革命文化作为社会主义先进文化的重要组成成分,与立德树人根本任务相结合,这是全面贯彻党的教育方针的重要要求。充分运用革命文化资源,与中国共产党和中国人民的斗争保持密切联系,深刻理解马克思主义中国化的内在真理,深刻理解历史和人民为什么选择中国共产党和社会主义,进一步加强"四个自信"的建设。健全政府、学校、家庭协同育人机制,利用新时代新技术新手段,营造培育时代新人健康的环境,形成良好的文明风尚,是以革命文化培育时代新人的实施路径。革命文化的涵育正和核心价值观的养成一样,绝不是轻轻松松的事情。"核心价值观的养成绝非一日之功,要坚持由易到难、由近及远,努力把核心价值观的要求变成日常的行为准则,进而形成自觉奉行的信念理念。不要顺利的时候,看山是山、看水是水,一遇挫折,就怀疑动摇,看山不是山、看水不是水了。无论什么时候,我们都要坚守在中国大地上形成和发展起来的社会主义核心价值观,在时代大潮中建功立业,成就自己的宝贵人生。"[1]

总之,革命文化作为党和人民在长期实践中创造的一种先进文化,蕴含着丰富的优秀革命精神,成为中华民族独特的精神标识。进行时代新人革命文化的培育,不仅事关我国文化自信和"伟大斗争",而且是培育担当民族复兴大任的时代新人及提高时代新人自身素质的客观需求。培育时代新人的

---

① 习近平:《论党的宣传思想工作》,北京:中央文献出版社,2020 年,第79 页。

革命文化,有利于时代新人在对革命文化形成正确性、完整性认知的基础上,以革命文化内蕴的先进革命精神,诸如崇高的理想信念、坚定的爱国主义情感、伟大的斗争精神、锐意进取的创新精神等,坚定自身的理想信念,养成艰苦奋斗的精神及开拓创新的精神,使自身思想道德素养得到提升,更好地肩负起实现中华民族伟大复兴的时代使命与历史担当。然而由于多重因素的影响,时代新人革命文化的培育面临着诸多机遇和挑战。故而本书在对比分析这些机遇与挑战的基础上,提出了一系列具有针对性的原则遵循和路径选择,以期进一步促进时代新人革命文化培育工作在新时代的有效推进。由于进行时代新人革命文化的培育是一项长期而复杂的工作,不可能一蹴而就,因此,还需要不断加强革命文化理论的研究,积极关注时代新人群体的成长成才,并在实践中积极探索增强时代新人革命文化的路径选择,以对其形成更加系统深入的研究,从而为中国特色社会主义文化及时代新人培育方面的相关研究提供一些新的研究建议与资料。

第三章　新时代青少年思想政治教育高质量发展研究

习近平指出："弘扬以伟大建党精神为源头的中国共产党人精神谱系，用好红色资源，深入开展社会主义核心价值观宣传教育，深化爱国主义、集体主义、社会主义教育，着力培养担当民族复兴大任的时代新人。"[①]青少年属于祖国的未来，是担当民族复兴大任的时代新人，因此党和政府非常重视青少年思想政治教育工作。思想政治教育在青少年成长过程中十分关键，在学校各门课程中特别重要。习近平指出："学校要把德育放在更加重要的位置，努力做到每一堂课不仅传播知识、而且传授美德，让社会主义核心价值观的种子在学生们心中生根发芽。"[②]立德树人的关键就在于思想政治教育。因此要进一步加强对思想政治教育的研究和创新，让思想政治教育更加适应变化发展了的教育实践活动。新时代对思想政治教育提出了更高的要求，提升"思想政治教育质量，是符合全面建成小康社会要求、适应全球教育竞

---

① 《习近平著作选读》（第一卷），北京：人民出版社，2023 年，第 36 页。
② 习近平：《思政课是落实立德树人根本任务的关键课程》，《求是》，2020 年第 17 期。

争新态势、顺应意识形态工作新要求、促进教育现代化时代的质量"①。新发展理念是新形势下中国特色社会主义市场经济发展的科学指引,其非常重要的组成部分之一就是改革创新。改革创新的时代要求,就要使得青少年思想政治教育更加适应"新常态",适应高质量时代的要求,使得青少年全面健康成长成才,更加适应现代经济社会发展的需要。因此青少年思想政治教育高质量发展具有重要的理论意义和实践价值。

一、新时代对青少年思想政治教育高质量发展的重要要求

进入新时代,随着社会主要矛盾的改变,党和国家基于世情、国情、党情的发展变化,对青少年思想政治教育工作也提出了许多新的、重要的、明确的要求,这些要求都无一例外地指向了对青少年思想政治教育高质量发展的要求。"作为中国特色社会主义教育事业重要组成部分的思想政治教育必然也要以高质量发展为目标。"②具体而言,新时代对青少年思想政治教育高质量发展提出的重要目标要求,就是培养社会主义建设者和接班人,培育和践行社会主义核心价值观,引导青少年自尊自信自立自强,把思想政治教育放在更加重要的位置。这几个目标都是非常重要、非常关键的目标,同时又是一个紧密结合的有机整体,在立德树人共同要求中十分关键。正如有学者指出:"高质量发展指向的是思想政治教育能够精准供给教育内容、恰切选择教育方法、有效整合各方力量,以良好的教育结构匹配产生最佳教育效益。我们在考察思想政治教育高质量发展时,应把这三个维度结合起来,不能将其界域割裂、窄化。"③不仅如此,高质量发展最关键的,还是发展目标,

---

① 田歧瑞:《大学生思想政治教育质量基本问题研究》,西南大学博士学位论文,2017年。
② 冯刚:《推动新时代思想政治教育学科高质量发展》,《学校党建与思想教育》,2022年第7期。
③ 沈壮海、刘灿:《论新时代思想政治教育的高质量发展》,《思想理论教育》,2021年第3期。

国外也有教育质量问题,但是和我们不同的地方,最为根本不同的地方,就是目标的指向不同,这是谁都不能否认的,因此要重视高质量发展的重要要求。

(一)培养社会主义建设者和接班人

习近平在学校思想政治理论课教师座谈会上深刻指出:"我们培养人的目标是什么要搞清楚,现在非常明确坚定地提出要培养社会主义建设者和接班人。"①这就非常明确地指出了青少年思想政治教育在培养人的方面的目标,这个目标不同于西方资本主义国家,也不同于中国古代,而是基于国家性质,我国是社会主义国家,社会主义的美好明天,就在于青少年一代,就在于现在勃勃生机的青少年,因此青少年思想政治教育高质量发展目标就是更好地围绕培养建设者和接班人来开展工作。为社会主义建设者和接班人提供高质量的思想政治教育,无疑会产生良好的深远影响,会使他们的理想信念更加坚定,更加具有社会主义建设的热忱和雄心壮志。如果思想政治教育质量一般般、平平庸庸、马马虎虎,或者不太好,甚至是糟糕的,那对建设者和接班人的培养将是灾难性后果,就不可能培养出合格的、优秀的人来。国际上这样的事例屡见不鲜。苏联就是一个典型,在思想政治教育过程中,不重视质量,造成青少年一代理想信念丧失,教训非常深刻,振聋发聩,发人深省,不能不在思想上高度重视,青少年教育上高度自觉。

(二)培育和践行社会主义核心价值观

青少年的世界观、人生观、价值观对未来成长影响很大。尤其是价值观,决定了未来人生的价值取向和价值选择判断。"培育和践行社会主义核心价

---

① 习近平:《思政课是落实立德树人根本任务的关键课程》,《求是》,2020年第17期。

值观要在落细落小落实上下功夫,特别是要抓好青少年等重点人群。"①青少年是祖国的未来,也是社会主义的未来,青少年价值观关系到国家民族的未来,因此要培育好青少年,让他们树立牢固的社会主义核心价值观,这也是新时代对青少年思想政治教育的重要要求。思想政治教育在塑造青少年的价值观方面作用尤为重要,必须抓牢抓好。新时代青少年思想政治教育高质量发展必须紧紧围绕培养和践行社会主义核心价值观进行。"思想政治教育不仅要保证质量要求和自身品质,而且要有更高的质量追求。思想政治教育发展到了一定水平,就会有质量上的发展要求。"②

(三)引导青少年自尊自信自立自强

思想政治教育高质量发展非常重要的一点就是要更好地引导青少年自尊自信自立自强。习近平明确指出:"引导学生自尊自信自立自强。"③所谓自尊就是自我尊重,在这种良好健康的心理状态下,既没有卑躬屈膝之卑劣,也没有歧视侮辱之苦痛;所谓自信就是自己相信自己,自己对自我很有信心;所谓自立就是自我独立,自己的事情自己做,有自己的主见、主意,不需要依赖别人;所谓自强就是努力向上,发愤图强。自尊自信自立自强是一个青少年成长过程中非常重要的内容,是青少年走向成熟过程中必然需要具备的良好心理和精神状态。因此也是新时代青少年思想政治教育高质量发展的重要内容。高质量的思想政治教育,培养的是高质量的对象,就是自尊自信自立自强的青少年。

---

① 习近平:《思政课是落实立德树人根本任务的关键课程》,《求是》,2020 年第 17 期。

② 刘建军、邱安琪:《论新时代思想政治教育的高质量发展》,《思想理论教育》,2021 年第 4 期。

③ 习近平:《思政课是落实立德树人根本任务的关键课程》,《求是》,2020 年第 17 期。

（四）把思想政治教育放在更加重要的位置

"思想政治教育高质量发展是深化教育体系改革、建立健全立德树人机制的客观要求，也是培养担当民族复兴大任的时代新人的必然选择。"①从中可以看出，新时代对青少年教育的要求更高了，特别是对青少年立德树人的要求——培养担当民族复兴大任的时代新人。习近平指出："学校要把德育放在更加重要的位置，努力做到每一堂课不仅传播知识、而且传授美德，让社会主义核心价值观的种子在学生们心中生根发芽。"②每一堂课，不仅是思政课，也包括语文、数学、外语、地理、历史、美术、音乐、体育、信息技术等在内的所有课程，都要做到既传播知识，也要传播美德，还要让社会主义核心价值观的种子在青少年的心中生根发芽、开花结果。这就必须把思想政治教育高质量发展放在更加重要的位置。

二、新时代青少年思想政治教育高质量发展中存在的问题

根据矛盾对立统一规律，事物要发展就是要解决旧的矛盾，获得新的变化。新时代青少年思想政治教育高质量发展过程中，也会面临一些矛盾和问题。其中存在的问题主要有，立德树人理念还不够深入人心，齐抓共管育人体制机制还没有在学校完全建立，青少年思想政治教育教师队伍建设有待加强，青少年思想政治教育考评体系和激励机制不完善等方面，这些问题的解决，才能促进青少年思想政治教育向高质量发展。

---

① 张国启、刘亚敏：《新时代思想政治教育高质量发展的逻辑内涵与实践理路》，《思想理论教育》，2021 年第 5 期。

② 习近平：《思政课是落实立德树人根本任务的关键课程》，《求是》，2020 年第 17 期。

（一）立德树人理念还不够深入人心

新时代的青少年大多数都是"80后""90后""00后"，享受到的是改革开放以来的发展成果，处于各种新鲜事物层出不穷的网络时代，因此对于传统的灌输式的教育方式满意度不是很高。我们应该在一些青少年违法犯罪案例中进行深刻的反思，青少年思想政治教育和德育机制在培养人的过程中存在一些缺陷和问题。从目前的相关研究和情况来看，立德树人理念还不够深入人心，新的思想政治教育还没有真正形成，青少年理想信念之根基还未十分牢固。

（二）齐抓共管育人体制机制还没有在学校完全建立

2021年，中共中央、国务院印发了《关于新时代加强和改进思想政治工作的意见》（以下简称《意见》）。《意见》指出："加强学校思想政治工作，加快构建学校思想政治工作体系，实施时代新人培育工程，完善青少年理想信念教育齐抓共管机制。"[①]非常明确地提出了要求构建"齐抓共管机制"。按照《意见》的新要求，新时代思想政治教育的育人机制体制应该是非常完备完善的，然而现实是，还有部分中学的齐抓共管育人体制机制还没有达到成熟完善的程度，部分中学齐抓共管的育人体系的完美构建还不能满足人民群众的期望，也不能满足人民群众对优质教育的期待。

（三）青少年思想政治教育教师队伍建设有待加强

在实际的教学过程中，并没有用像高度重视学科课程教师队伍那样来建设思想政治教育教师队伍。一些中小学校中青少年思想政治教育教师不

---

① 《中共中央国务院印发〈关于新时代加强和改进思想政治工作的意见〉》，《人民日报》，2021年7月13日。

是专职的,而是兼职的,认为谁都能够教思想政治课,语文老师来兼职教,历史老师来兼职教,甚至体育老师都可以来兼职教思想政治课。有的学校虽然配备了专业的思想政治课教师,但是这些教师又往往被抽去干学校行政部门,让专业思想政治教育教师无法专心教思政课。归根到底还是对思想政治教育建设存在误区。认为思想政治教育工作空洞无物,仅仅就是走个形式、走个过场,没有实际的知识教育。这些错误的认识使得一些学校的领导班子对于青少年思想政治教育队伍建设重视不够,认为可有可无,无关紧要。忽视了建设高素质青少年思想政治教育队伍的重要意义。另外青少年思想政治教育教师自身素质也有待提高。

（四）青少年思想政治教育考评体系和激励机制不完善

当前对青少年思想政治教育工作完成情况考评的体系不太完备,尤其对于中学思政课教师能力素质、中学思想政治教育具有的成效考评还比较缺乏,对中学思政课教师、中学德育工作者学习提升、提拔任用等方面的激励机制还不够完善。特别是在对中学思政课的考核中,存在一些影响考核结果的不良现象,如对考核主体人员的选用不规范、不科学,考核内容不合理、难量化,参与评价的人员中缺乏学生和家长的身影等。使得通过考评获取的有效信息不足,容易影响评价的准确性和真实性。还有一个重要方面影响了中学思想政治教育工作者的积极性,就是在教育培训学习、提拔交流任用等方面机会相对要少。对中学思想政治教育工作者的激励方法单薄、缺乏手段、奖励力度远远不够,发挥出的激励作用非常有限。

三、新时代青少年思想政治教育高质量发展问题成因分析

青少年思想政治教育高质量发展可以更好地对他们在世界观、人生观和

价值观方面进行塑造,增强青少年的"四个意识",强化青少年"四个自信",加深加强青少年对于社会主义核心价值观的理解和认同。当前青少年思想政治教育高质量发展存在着一些困难和问题,理解清楚问题,才能更好更快地解决问题。弄清楚问题背后的原因,才能有的放矢,更有针对性地解决问题。因此对这些问题成因作一个分析,具有十分重要的理论意义和现实价值。

(一)网络新媒体对信息传播带来的深刻影响

新时代的青少年学生通过上课听讲获得知识能力、情感态度、价值观,在这一知识获取过程中,也是一个得到信息、理解信息、接受信息的过程。在传统媒体环境中,青少年获得知识的渠道少,除了纸质报刊资料,主要就是依赖老师的授课,在传统媒体环境中,老师成为学生获得知识、情感、能力、价值观的主要影响者、传播者。随着网络新媒体的出现,青少年获得知识的渠道越来越多了,可以通过多种渠道获得信息。特别是对课堂上老师们传授的知识,青少年从过去无条件接受,到能够通过网络搜索来查询了解,用以检验老师的观点对不对、准不准,以老师为中心获取知识的传统方式被逐渐改变,面对这样一种新情况、新形式,很多老师没有做好足够的思想准备,一些思想政治教育工作者没有足够的准备来应对。

全球化是一把双刃剑。一方面,在全球化时代,世界各地的信息通过互联网可以在全球自由传播,青少年获得相关资讯方便快捷,打开网站,可以收到来自遥远的地方的信息。另一方面,网上传播的信息并不都是真实准确的,有很多虚假信息,网友为了博取流量关注故意夸大的信息等。一些青少年缺乏社会经验,对事物的判断往往不是很准确,认知能力也存在不足,在浏览网络时一不小心就会被虚假信息蒙蔽双眼,做出错误的判断选择,产生错误的认知。

(二)对思想政治教育教师队伍建设重视不够

对青少年思想政治教育工作队伍建设重视不够是高质量发展存在问题的重要原因。随着高等教育的普及,对思想政治教育课程的开设要求也在提高,其中很重要一条就是师生比的要求,为了满足师生比的要求,急需大量思想政治教育课程教师,为了在数量上达标,思想政治教育队伍的质量就有所削弱,一些开设思想政治教育课程的院校人员不足,就把别的学科专业多余的人员调整过来,这些思想政治教育课程的教师不具备思想政治教育专业的背景,这就使得他们备课上课不深不透,带有原来学科专业的影子。例如,一位由英语专业转行的教师,某次上课过程中,停电了,PPT打不开,这位教师不知道如何讲课了,为了继续下去,开始讲起了英语,讲英语的词根词源等,硬生生地将思政课变成了一堂英语课。这样的事例屡见不鲜,成为思想政治教育的安全隐患。严重影响了青少年思想政治教育高质量发展。

(三)部分思想政治教育教师知识结构不能适应时代要求

随着经济社会事业的发展,新的科技、新的知识、新的情况、新的问题层出不穷,这就使得思想政治教育课面临着更加复杂多变的外部环境,对新时代青少年思想政治教育教师的要求更高了,这就要求新时代青少年思想政治教育教师具备更加广泛的现代文化知识、社会知识。但现实的情况是,一方面思想政治教育教师在专业领域很精通,但是对社会生活更多领域一知半解,不能很好适应时代的要求;另一方面是部分青少年思想政治教育教师来自非思政学科,知识结构存在天生的缺陷,也不能够很好地从事思想政治教育工作,更无从推进思想教育价值高质量发展。

（四）实践缺乏导致的理论与实践脱节削弱了说服力

实践是检验真理的唯一标准，实践也是最具有说服力的老师。青少年思想政治教育应该紧密结合实践，将理论与实践结合起来，让学生真懂真信。但现实是一些学校的思想政治教育过程中对于实践环节的缺乏或者薄弱，导致理论联系实际的缺乏或者不到位，部分教师习惯于过去旧的教育教学模式，给学生灌输的多，实践的少，讲的东西和现实脱节，和实践脱节，甚至用陈旧的、落后的思维方式来分析日新月异的社会情况，青少年嗤之以鼻，觉得老土，更不可能接受信服，这也就影响了青少年思想政治教育高质量发展。思想政治教育教师在给青少年讲授时需要做到理论联系实际，理论与实践相结合，然而一些教师讲课缺乏说服力、感染力，让青少年兴趣索然。成为阻碍新时代青少年思想政治教育高质量发展的重要方面。

四、新时代青少年思想政治教育高质量发展的现实路径

新时代青少年思想政治教育高质量发展的现实路径有：建立新时代学校齐抓共管的德育体制机制，建立新时代青少年思想政治教育高质量发展的科学评价体系，以考评为重要抓手、倒逼青少年思想政治教育工作质量提升，打造高素质、专业化的青少年思想政治教育教师队伍。

（一）建立新时代学校齐抓共管的思想政治教育体制机制

学校要真正落实党中央提出的立德树人根本任务，实现培养社会主义"四有"新人，德、智、体、美、劳全面发展的建设者的目标，就要按照《意见》要求建立一整套科学的、合理的、有效的德育体制机制，提升青少年思想政治教育治理体系和治理能力现代化水平。青少年思想政治教育要不断加强顶

层设计,学校思想政治工作要掌握主动权和主导权,要与时俱进、守正创新、勇于改革、因事而化、因时而进、因势而新。青少年思想政治教育要不断强化制度建设,形成齐抓共管育人工作体系机制。让每一位家长都能支持学校思想政治教育工作,让每一位教师都成为对青少年传播先进思想文化的布道者、对青少年健康成长负责任、能担当的引路人。

(二)建立新时代青少年思想政治教育高质量发展的科学评价体系

人们常说,中考、高考是个指挥棒,指挥着学校的教学工作。中考、高考能够指挥学校教学,因为里面包含着对教学质量的评价标准。青少年思想政治教育也需要这样强有力的指挥棒,这就是青少年思想政治教育高质量发展的科学评价体系。没有一套科学合理的评价体系,青少年思想政治教育就会失去方向感,从而影响青少年思想政治教育的开展和作用的发挥。青少年思想政治教育高质量发展的科学评价体系是学校治理体系和治理能力现代化的重要标志。青少年思想政治教育高质量发展评价体系要具有系统性。应该根据学校的实际情况,针对不同角色群体,根据工作的性质和身份,专门制定出细化的青少年思想政治教育考核标准体系。青少年思想政治教育评价体系还必须具有科学性。要构建科学测评体系,建立多元多层、科学有效的德育工作测评指标体系。在实施方面要注意过程评价和结果评价相结合,并纳入领导班子考核、教师年度考核。

(三)以考评为重要抓手、倒逼青少年思想政治教育工作质量提升

青少年思想政治教育高质量发展的实现,三分靠部署,七分靠落实。不仅要建立高质量发展的科学评价体系,而且要切实落实考核评价,从而在根本上解决一些学校和学校领导对于抓好青少年思想政治教育提升内在动力不

足的问题。"科学正确的评价是推动思想政治教育学科发展的重要动力"①，将青少年思想政治教育成效作为考核评价作为重要抓手，可以起到倒逼青少年思想政治教育工作质量提升。一是要做好考核评价。科学合理的考核评价应该是建立在岗位职责清楚、职能定位明确、工作目标责任合理的基础上，对此就需要对思想政治教育有关工作进行量化、细化，落实到科室部门、落实到具体个人。考评任务明确以后，要进一步做好监督检查，做好日常考勤、阶段性考评、年终考核的记录。②二是运用好考核评价的结果。对表现突出的学校、德育工作者、思政课教师给予一定的物质和精神奖励，并且优先提拔使用。对能力存在不足的思政课教师实行回炉再造、调整岗位等适当的处理，让考核真正起到促进青少年思想政治教育工作者能力提升的作用。三是解决考评中发现的问题。对于考评中发现的问题要及时加以解决，特别是涉及思政课教师待遇等方面的问题。切实维护和实现思想政治教育教师的合法权益，帮助解决他们工作生活中存在的困难，使他们能够安心踏实地开展工作。

（四）打造高素质、专业化的青少年思想政治教育教师队伍

百年大计在于教育，教育大计在于教师。教师必须教好，学生必须学好，各级领导必须管好，教师教好的前提是教师会教、能教、善于教。加强青少年思想政治教育工作、培养新时代的栋梁之才，必须有一支高素质的青少年思想政治教育教师队伍。要加大对于青少年思想政治教育的物质和精神投入。要建立良好的激励机制和制度，如进一步改进职级和职称晋升机制，提高青少年思想政治教育教师的有关待遇，让青少年思想政治教育教师安于从教、

---

① 冯刚：《以百年党史丰厚底蕴引领思想政治教育学科高质量发展》，《思想理论教育导刊》，2021年第10期。

② 冯化崴、陈贺：《增强思想政治教育检查考评的科学性有效性》，《政工学刊》，2022年第9期。

乐于从教。也要拓展选拔渠道,让优秀人才能够进入青少年思想政治教育教师队伍,愿意从事青少年思想政治教育工作。同时抓好教育和培训,在实践锻炼中提高青少年思想政治教育教师的能力素质。培育青少年思想政治教育教师执着于立德树人的定力,提升教书育人的能力,增强思想政治教育改革进步的活力,成为优秀合格的青少年思想政治教育教师。

第四章 红色文化融入高校思想政治教育研究

　　党的二十大报告指出："弘扬以伟大建党精神为源头的中国共产党人精神谱系,用好红色资源,深入开展社会主义核心价值观宣传教育,深化爱国主义、集体主义、社会主义教育,着力培养担当民族复兴大任的时代新人。"①红色文化作为宝贵的精神资源,蕴含着中国共产党人发展壮大的精神密码,体现了马克思主义的崇高理想信念和以人民为中心的宗旨意识,是值得珍惜的精神财富。在新的历史条件下,以红色文化涵育大学生社会主义核心价值观,丰富高校思想政治教育,既是大学生成才的客观需要,也是高校思想政治教育创新发展的内在要求。

---

　　① 习近平:《高举中国特色社会主义伟大旗帜 为全面建设社会主义现代化国家而团结奋斗——在中国共产党第二十次全国代表大会上的报告》,《人民日报》,2022 年 10 月 26 日。

一、红色文化的特点及其与高校思想政治教育的关联

（一）红色文化的特点

红色文化形成于中国共产党带领人民革命、建设和改革等各个历史时期，是中国共产党人精神谱系的生动载体，是中华民族精神在近代以来的重要发展，鼓舞和激励着中国人民为国家富强、民族振兴、人民幸福而艰苦奋斗。红色文化具有鲜明的时代特色和民族特色，红色文化的特点决定了它具有良好的思想政治教育价值，能够促进高校学生的精神世界更加丰富。

1.民族性

红色文化源于中国共产党人的革命斗争实践。中国共产党人在以马克思主义为指导寻求中华民族伟大复兴的探索过程中，创造了红色文化。红色文化是马克思主义指导中国实践的产物。首先，红色文化的民族性体现在它的主体是中国人民和中华民族，正是中华民族创造了红色文化。其次，红色文化的民族性体现在它的内容和形式都是民族的。红色文化展示了中华民族为求得民族解放和国家富强的英勇斗争历程，是中国人民近代以来艰苦奋斗的精神和物质成果，以民族文化的表现形式为人民群众所喜爱和接受，为广大群众喜闻乐见、耳濡目染。

2.时代性

红色文化源自近代以来中国共产党领导人民进行的革命、建设和改革实践，因而具有鲜明的时代性，在不同的历史时期有不同的内容和不同的表现形式。在新民主主义革命时期，红色文化表现为新民主主义的文化。如毛泽东所说的："民族的科学的大众的文化，人民大众反帝反封建的文化，就是新

民主主义文化,就是中华民族的新文化。"①在社会主义革命和建设时期,红色文化表现为社会主义主流文化,一大批讴歌中国共产党和赞美社会主义建设的红色经典作品产生。改革开放和社会主义现代化建设新时期以及中国特色社会主义新时代,红色文化表现为中国特色社会主义先进文化,大量表现时代精神的红色作品奔涌而出,众多的主旋律电视电影成为广大人民群众的精神食粮。红色文化的形式和内容不断与时代同步,表现出鲜明的时代特色。

3.人民性

人民是文化的主体,是文化发展的源泉。红色文化的蓬勃生命力在于植根于人民,反映了人民的心愿,表达了人民的诉求。人民性是红色文化的最鲜亮底色。中国共产党人全心全意为人民服务,一切的工作出发点和落脚点都是为了人民。中国共产党领导人民在革命、建设和改革中形成的红色文化也打上了中国共产党人精神追求的深刻烙印。红色文化中有大量以人民为中心的思想理论、人物故事、历史事件等。红色文化是人民的精神滋养,在不同的历史时期都鼓舞着人民的奋斗意志,在新民主主义革命时期,红色文化鼓舞人民群众参加革命斗争推翻帝国主义、封建主义和官僚资本主义;在社会主义革命和建设时期,红色文化鼓舞人民群众为改变新中国一穷二白的落后面貌而奋斗,在改革开放和社会主义现代化建设新时期以及中国特色社会主义新时代,红色文化激励着人民为建设社会主义现代化强国奋斗。

4.科学性

红色文化是中国共产党人以马克思主义为指导,带领人民在实践中创造的,因而既有别于愚昧落后的封建文化,也有别于虚假空洞的资本主义文化,有着鲜明的科学性特征。红色文化是在实事求是的基础上形成的,拒绝

---

① 《毛泽东选集》(第二卷),北京:人民出版社,1991年,第708~709页。

虚假和浮夸,拒绝主观主义,拒斥教条主义,反对本本主义,有一种实事求是、求真务实的精神内涵在里面,具有现实性的宝贵品质。红色文化又是开放的、博大的,拥抱和传承人类文明的智慧结晶,以马克思主义思想为自己的文化精髓,因而并非狭隘的党派文化、地域文化,具有鲜明的开放性品质,符合人类社会发展的客观规律,符合中国革命、建设和改革的规律,符合中国共产党治国理政规律。

5.发展性

红色文化形成以后并不是一成不变的,而是随着时代的脉搏不断发展。红色文化的主题和内容随着中国共产党领导中国人民的革命、建设和改革的时代主题不断发展。在新民主主义革命时期,红色文化的主题是推翻帝国主义、封建主义和官僚资本主义,求得民族独立、人民解放。在社会主义革命和建设时期,红色文化的主题是建设社会主义新中国,建立和巩固社会主义制度。在改革开放和社会主义现代化建设新时期以及中国特色社会主义新时代,红色文化的主题是建设中国特色社会主义,为国家的富起来和强起来而努力。并且红色文化的表现形式也在随着社会的进步发展而不断发展,例如新时代,网络文化对人民群众的生产生活影响日益广泛,红色文化也从线下走入线上,网络上大量的红色文化也流行开来,继续滋润着广大网民的精神世界。

(二)红色文化与高校思想政治教育的契合性

1.红色文化与高校思想政治教育的指导思想相契合

毫无疑问,我国高校思想政治教育的指导思想是马克思列宁主义、毛泽东思想、邓小平理论、"三个代表"重要思想、科学发展观和习近平新时代中国特色社会主义思想。红色文化同样以这些思想为指导原则,二者在指导思想上具有一致性和契合性。"马克思主义理论不仅是思想政治教育的根本内容,也是思想政治教育学坚实的理论基础,为思想政治教育学科化和科学化发展提供重要的理论支撑。"①马克思主义理论同样是红色文化的根本所在，是红色文化的根本指导。这种指导思想和理论指导上的契合性，为红色文化融入高校思想政治教育奠定了坚实的基础，这也决定了高校思想政治教育可以大量地汲取红色文化的营养。

2.红色文化与高校思想政治教育的历史发展相契合

无论是高校思想政治教育还是红色文化的发展，都离不开中国共产党的领导，离不开党的百余年奋斗历程。"回望过去，百年来中国共产党始终高度重视高校思想政治教育，在革命、建设和改革的不同时期，围绕党的中心任务，把高校作为重要领域，把青年学生等知识分子群体作为重要对象，开展了一系列富有成效的工作实践，形成了系统全面的高校思想政治教育理论。"②红色文化和高校思想政治教育的发展历程，都是中国共产党历史的一个方面或者一个侧面，二者的历史进程都和中国共产党历史紧密相连，息息相关。二者都在中国共产党领导下于革命斗争年代发轫，于中华人民共和国成立以后不断前行，于改革开放新时期深入发展，于中国特色社会主义新时代守正创新。二者的历史发展过程既有历史阶段性上的契合性，又有历史发展任务上的契合性，在很多的历史阶段和历史发展过程上也有很多的交叉重合。

3.红色文化与高校思想政治教育的本质特征相契合

人的需要是一切历史活动的起点。"思想政治教育在本质上是一项以人的需要为起点、以人的需要实现为目标的特殊实践活动。"③高校思想政治教育本质上是为了人的自由全面发展，满足人的需要，促进人的思想觉悟和道

---

①　冯刚、彭庆红、佘双好、白显良等：《新时代高校思想政治学原理》，北京：人民出版社，2021年，第38页。

②　冯刚、彭庆红、佘双好、白显良等：《新时代高校思想政治学原理》，北京：人民出版社，2021年，第63页。

③　冯刚、彭庆红、佘双好、白显良等：《新时代高校思想政治学原理》，北京：人民出版社，2021年，第103页。

德修养的提高。"红色文化是人民群众自主选择、自由创作、自然发展的先进文化形态"①,是满足人民需要的精神和物质财富,能够满足人民群众的现实诉求和根本利益。显而易见,红色文化与高校思想政治教育在本质上具有契合性,都是为了满足人民的需要,尤其是为了满足人民的精神发展需要。高校思想政治教育工作是通过思想政治教育工作让高校学生的精神发展需要得到满足。红色文化是为了满足全体人民的精神需要,其中也就包括满足高校学生的精神需要。

4.红色文化与高校思想政治教育的目标任务相契合

培养人、塑造人是文化与教育的共同使命。教育工作的使命是为了培养和塑造社会所需要的人才。"努力培养担当民族复兴的时代新人,培养德智体美劳全面发展的社会主义建设者和接班人,是新时代高校思想政治教育的根本目标。"②文化发展的目标同样是塑造人,用文化氛围熏染和塑造人的精神世界。在培养人这一目标上,红色文化和高校思想政治教育具有很强的契合性。我国高校思想政治教育要培养的是担当民族复兴大任的时代新人,这些时代新人要有马克思主义理想信念,要有爱国主义情怀,而红色文化要达成的目标也是引领人民树立中华民族伟大复兴的理想,自觉接受马克思主义的指导,有爱国主义思想。二者培养的是具有相同的马克思主义理想信念和爱国精神等思想素质的人。

5.红色文化与高校思想政治教育的内容方法相契合

红色文化与高校思想政治教育在内容上有很多是相契合的,甚至是完全相同的。例如,社会主义核心价值观是高校思想政治教育的重要内容。而"社会主义核心价值观与红色文化具有高度的重合性。社会主义核心价值观

---

①　韩玲:《红色文化涵育社会主义核心价值观研究》,北京:人民出版社,2020年,第43页。

②　冯刚、彭庆红、余双好、白显良等:《新时代高校思想政治学原理》,北京:人民出版社,2021年,第156页。

是思想政治教育的重要内容,在开展思想政治教育的过程中,贯彻社会主义核心价值观走进课程、走进教材成为新时代大学生学习必不可少的部分"①。在高校开展社会主义核心价值观教育其实也就是开展红色文化教育,二者之间是完全一致的。在教育的方法手段上,高校思想政治教育采取的很多方法手段,如疏导教育法、典型教育法、激励教育法、网络教育法等,也是红色文化教育和传播的方法。二者非常契合,并不存在隔阂。

二、红色文化融入高校思想政治教育的价值

(一)有利于推动高校思想政治教育创新发展

1.高校思想政治教育底蕴更加深厚

习近平在主持中央政治局第十三次集体学习时指出:"对历史文化特别是先人传承下来的价值理念和道德规范,要坚持古为今用、推陈出新,有鉴别地加以对待,有扬弃地予以继承,努力用中华民族创造的一切精神财富来以文化人、以文育人。"②毫无疑问,高校思想政治教育离不开中华优秀传统文化的丰厚滋养,也离不开红色文化的沃土。红色文化使得高校思想政治教育的文化底蕴更加深厚。在红色文化的沃土中,高校思想政治教育可以充分汲取历史的营养、文化的营养。正是有红色文化底蕴的融入,高校思想政治教育有更多的历史深度,更广博的文化视野。在红色文化的滋养下,高校思想政治教育不是简单的政治灌输,而是理想信念光辉的照耀、家国情怀的培育、人文精神的弘扬、党史国史的陶铸,培养具有深厚红色文化底蕴的担当

---

① 陈九如、张烨烨:《新时代高校红色文化教育的逻辑理路》,《思想理论教育导刊》,2019 年第 7 期。

② 《习近平在中央政治局第十三次集体学习时强调 把培育和弘扬社会主义核心价值观作为凝魂聚气强基固本的基础工程》,《人民日报》,2014 年 2 月 26 日。

民族复兴大任的时代新人。

2.高校思想政治教育内容更加完善

根据有关学者的研究，红色文化是一个包含十分广泛的文化类型，"分为器物文化形态、精神文化形态、制度文化形态和艺术文化形态四大类。红色器物文化表现为以革命历史遗留物为主的博物馆、烈士纪念馆、烈士陵园和红色地区为代表的物质文化；红色精神文化是包括红船精神、井冈山精神、长征精神、西柏坡精神等革命精神在内的红色精神；红色制度文化表现为中国共产党在革命、建设和改革开放时期所创建的理论、纲领、路线、方针、政策等文献作品；红色艺术文化包括红色文艺、红色歌舞、红色美术等文艺形式"[①]。红色文化内容的广阔性无疑可以让高校思想政治教育的内容更加的完善，既有物质形式的教育资源，也有精神方面的教育资源；既有理论方面的教育资源，又有文艺方面的教育资源；既有课内理论学习的教育资源，又有课外实践学习的教育资源。可以说，红色文化是一座高校思想政治教育资源的宝库，取之不尽用之不竭。

3.高校思想政治教育手段更加多样

红色文化是中国共产党带领人民创造的，让人民群众喜闻乐见是基本的要求。在此过程中，创造了丰富多彩的教育和宣传形式。红色文化融入高校思想政治教育能够使教育的手段和方法更加灵活多样。例如，高校思想政治教育开展实践教学一直都是重难点，丰富的红色文化资源可以让高校思想政治教育实践更加鲜活多样，可以参观红色遗址，可以访问红色博物馆，可以探访红军老战士，可以重走红军走过的路，让大学生身临其境，沉浸式体验和感悟红色文化的勃勃生机，更加坚定理想信念，更加珍惜今天的幸福生活。

---

① 韩玲:《红色文化涵育社会主义核心价值观研究》,北京:人民出版社,2020年,第43页。

(二)有利于红色文化的传承发展

1.有利于红色文化的保护

红色文化是中国共产党人的精神血脉。习近平指出:"要加强科学保护。红色资源是不可再生、不可替代的珍贵资源,保护是首要任务。要本着对历史负责、对人民负责的态度,深入开展红色资源专项调查,加强红色遗址、革命文物保护工作,统筹好抢救性保护和预防性保护、本体保护和周边保护、单点保护和集群保护等。"[①]高校学生的文化素养和科学素养水平较高,对他们开展红色文化教育,可以吸引他们投入红色文化保护的崇高事业,有利于壮大红色文化保护的队伍。并且很多高校学生是文物保护相关专业的,他们有能力直接参与对红色文化的保护,他们是红色文化保护的有生力量、青春力量。

2.有利于红色文化的传承

赓续红色血脉,传承红色文化是党发展的客观需要。习近平指出:"回望过往历程,眺望前方征途,我们必须始终赓续红色血脉,用党的奋斗历程和伟大成就鼓舞斗志、指引方向,用党的光荣传统和优良作风坚定信念、凝聚力量,用党的历史经验和实践创造启迪智慧、砥砺品格,继往开来,开拓前进。"[②]将红色文化融入高校思想政治教育,开展广泛深刻的红色文化教育,是传承红色文化的百年大计。高校是培育人的场所,高校学生未来将是中国特色社会主义事业的建设者和接班人。对高校学生进行红色文化教育,使莘莘学子传承红色文化,做红色文化的继承者,让红色文化一代一代传下去,

---

① 习近平:《用好红色资源 赓续红色血脉,努力创造无愧于历史和人民的新业绩》,《求是》,2021 年第 19 期。

② 习近平:《用好红色资源 赓续红色血脉,努力创造无愧于历史和人民的新业绩》,《求是》,2021 年第 19 期。

永远激励人们前进。

3.有利于红色文化的运用

习近平指出："红色资源是我们党艰辛而辉煌奋斗历程的见证，是最宝贵的精神财富，一定要用心用情用力保护好、管理好、运用好。"①保护和传承红色文化的最终目的是运用红色文化为中国特色社会主义服务。红色文化是宝贵的资源，不能让其躺着睡大觉，而要使之活起来。红色文化融入高校思想政治教育，让红色文化从历史的遗迹变成活生生的爱国主义教材，让红色基因从书本的记载变成高校学生心中不灭的灯塔，让红色资源成为立德树人的财富，这本身就是对红色文化的开发利用。

（三）有利于大学生的成长成才

1.有利于大学生坚定理想信念

理想信念是指路的明灯，指引人前进的方向。大学生成才离不开马克思主义理想信念光芒的照耀。习近平指出："新时代中国青年要树立远大理想。青年的理想信念关乎国家未来。青年理想远大、信念坚定，是一个国家、一个民族无坚不摧的前进动力。青年志存高远，就能激发奋进潜力，青春岁月就不会像无舵之舟漂泊不定。"②一部红色文化史就是一部马克思主义理想信念的践行指南；一个红色遗迹就是一个马克思主义理想信念的物质印记；一首红色歌曲就是一支马克思主义理想信念的赞歌。通过对大学生进行红色文化教育，可以把中国共产党人为马克思主义理想信念而奋斗的波澜壮阔的历史展现在大学生的眼前，让他们感受马克思主义理想信念那种排山倒海的伟力，感受马克思主义理想信念真理的魅力、思想的魅力，感受马克思

---

①　习近平：《用好红色资源　赓续红色血脉，努力创造无愧于历史和人民的新业绩》，《求是》，2021年第19期。

②　习近平：《论党的青年工作》，北京：中央文献出版社，2022年，第209页。

主义理想信念的深情召唤,从而坚定马克思主义理想信念。

2.有利于大学生培育奋斗精神

勇于艰苦奋斗是中华民族的优良传统,也是中国精神的生动体现。习近平指出:"新时代青年要勇于砥砺奋斗。奋斗是青春最亮丽的底色。'自信人生二百年,会当水击三千里。'民族复兴的使命要靠奋斗来实现,人生理想的风帆要靠奋斗来扬起。没有广大人民特别是一代代青年前赴后继、艰苦卓绝的接续奋斗,就没有中国特色社会主义新时代的今天,更不会有实现中华民族伟大复兴的明天。"[1]从国家来说,中华民族依靠艰苦奋斗创造了辉煌的中华文明,未来要实现中华民族伟大复兴还需要继续奋斗。从个人来说,每一个取得人生价值的成功人士无不是依靠艰苦奋斗,大学生要实现自己的人生价值离不开艰苦奋斗。新时代大学生生活在一个物质非常富裕的时代,同时也生活在肩负中华民族伟大复兴艰巨任务的时代。要展现青春的光华,要实现民族复兴的伟业,大学生需要培育奋斗精神,增强奋斗本领,做新时代的奋斗者。红色文化发源于中国共产党带领人民的革命斗争,本身就是奋斗精神的产物,其中充满了向艰苦做斗争的精神品质和坚强意志。用红色文化教育大学生,可以培育大学生的艰苦奋斗精神,把中华民族的奋斗精神灌注到青年人身上。

3.有利于大学生勤奋学习求知

为学之要在于勤奋在于刻苦,不吃一点苦是不行的。朱自清在《论诗学门径》一文中就指出,学诗"得下一番切实的苦功夫"去记诵。他说:"学习文学而懒于记诵是不成的,特别是诗。一个高中文科的考生,与其囫囵吞枣或走马观花地读十部诗集,不如仔仔细细地背诵三百首诗。这三百首诗虽少,是你自己的;那十部诗集虽多,看过就还了别人。"[2]朱自清这里虽然说的是

---

① 习近平:《论党的青年工作》,北京:中央文献出版社,2022年,第211页。

② 邓九平主编:《中国文化名人谈治学》,北京:大众文艺出版社,2000年,第236页。

学诗,其实对于各方面的学习都有启迪作用。学习任何学问都得下苦功夫,都不能懒惰,没有勤奋的精神就不可能取得学业上的成就。红色文化可以激励学生勤奋学习。红色文化中有丰富的勤奋学习的文化内涵,如毛泽东孜孜不倦地读书,藏书高达十万卷,周恩来"为中华之崛起而读书",陈毅吃墨水的故事,陈望道翻译《共产党宣言》,等等,可以为大学生提供勤学的榜样。

三、红色文化融入高校思想政治教育的现状

(一)红色文化融入高校思想政治教育的有利条件

1.党和政府的高度重视为红色文化的融入提供了理论和政策遵循

中华人民共和国成立以来,党和政府就高度重视红色文化的保护传承与开发利用,建成了一大批的革命博物馆,党史上重要的历史遗址基本上都建有纪念馆,收集整理了大批的文献资料,创作了大量优秀的红色文艺作品。"国家不断完善政策、建立机制、设立试点、加强引导,促进红色文化传承保护与发展,将红色文化传承保护与发展纳入国家发展战略,建立国家层面的部委联席会议机制,并以江西、陕西、山西为政策试点,加大支持与指导力度。"①同时党和政府利用这些红色资源不断教育人民,不断引导广大党员干部不忘初心、牢记使命。党和政府的高度重视,为红色文化融入高校思想政治教育奠定了良好的思想基础。尤其是习近平总书记的重要指示,使得红色文化融入高校思想政治教育有了根本遵循。习近平强调指出:"要强化教育功能。围绕革命、建设、改革各个历史时期的重大事件、重大节点,研究确定一批重要标识地,讲好党的故事、革命的故事、英雄的故事,彰显时代特色,

---

① 韩玲:《红色文化涵育社会主义核心价值观研究》,北京:人民出版社,2020 年,第 169 页。

使之成为教育人、激励人、塑造人的大学校。要设计符合青少年认知特点的教育活动,建设富有特色的革命传统教育、爱国主义教育、青少年思想道德教育基地,引导他们从小在心里树立红色理想。"①显然,红色文化融入高校思想政治教育是强化其教育功能的必由之路。

2.高校思想政治教育改革创新为红色文化的融入提供了良好契机

党的十八大以来,党中央高度重视高校思想政治教育工作,作出一系列重要指示和工作部署。高校思想政治教育改革创新如火如荼地开展。党的二十大报告指出:"教育是国之大计、党之大计。培养什么人、怎样培养人、为谁培养人是教育的根本问题。育人的根本在于立德。全面贯彻党的教育方针,落实立德树人根本任务,培养德智体美劳全面发展的社会主义建设者和接班人。"②围绕立德树人,培育时代新人,高校思想政治教育进行了多方面的改革创新。这些改革创新为高校思想政治教育增添了新的活力,也为红色文化的融入提供了良好契机。"大思政课"理念的提出,拓展了高校思想政治工作的疆域,使得各门专业课程与思想政治教育同向同行,也使得红色文化更好融入包括思想政治理论课及各类专业课程。以文化人的教育实践,更加注重优秀传统文化、革命文化、社会主义先进文化在坚定高校学生文化自信中的作用,红色文化的育人功能育人作用更为凸显。培养担当民族复兴大任的时代新人的目标要求,也需要红色文化在高校学生精神成长过程中发挥引领作用。

3.大学生精神生活的旺盛为红色文化的融入提供了客观需求

"大学生是我国社会主义事业的建设者和接班人,其精神生活发展质量

---

① 习近平:《用好红色资源 赓续红色血脉,努力创造无愧于历史和人民的新业绩》,《求是》,2021年第19期。

② 习近平:《高举中国特色社会主义伟大旗帜 为全面建设社会主义现代化国家而团结奋斗——在中国共产党第二十次全国代表大会上的报告》,《人民日报》,2022年10月26日。

不仅关系着大学生精神世界建构及全面发展程度，也关系着我国社会主义精神文明发展程度及社会主义现代化事业的推进程度。"①大学生处在人生发展的关键时期。大学阶段的精神发展对人一生的精神成长都具有决定性的意义。大学生群体求知欲旺盛，渴望了解世界，了解中国，渴望高质量的学习生活。同时大学生学习以外的精神生活也十分旺盛，有情感需求、职业需求、娱乐需求、休闲需求等精神生活需要。大学生的这种旺盛的精神文化需求，为红色文化融入高校思想政治教育提供了客观的需要。思想政治教育不能仅仅依靠课本有限的知识，也不能仅仅依靠课内的有限时空。红色文化的融入，扩大了高校思想政治教育工作的视野范围，能够使思想政治教育增添精神生活的功能，让思想政治教育变成一种崇高的精神享受，让思想政治教育从课内扩散到课外，更多地在学生的精神生活里扎根。学生可以通过看一场红色电影，听一场红色音乐会，游览一个红色旅游区，在获得精神生活愉悦的同时，坚定理想信念，增强文化自信。

(二)红色文化融入高校思想政治教育存在的问题

1.红色文化教育的方式不够鲜活

由于长期以来思想政治理论课的教育教学方法都是以理论灌输为主，因而在红色文化教育的过程中，简单地套用了传统的政治理论课教育方法。"在学校的红色文化教育过程中，把红色文化作为政治理论学习的重要内容，直接灌输的内容多，并没有真正地引导学生主动去学习。"②教育的方式不够鲜活，因而不能激发学生主动学习红色文化的强烈兴趣，学生对红色文化的学习处于被动的状态，学习的效果受到影响，缺乏对红色文化发自内心

---

① 谢春芳:《新时代大学生精神生活高质量发展的内涵要义与实现路径》,《思想理论教育》,2022年第7期。

② 韩玲:《红色文化涵育社会主义核心价值观研究》,北京:人民出版社,2020年,第221页。

的认同和肯定,也不会积极主动去接受红色文化教育。

2.红色文化的特色资源开发不够

红色文化广泛存在于全国各地。每个地方都有自己的红色历史和红色资源,这是进行红色文化教育的特色资源,也是最鲜活、最丰富的资源。红色的历史故事就发生在当地,红色遗迹就在身边,红色的革命人物就是当地的先贤先烈先人。尤其是很多高校都有光荣的红色历史,这些是很好的红色文化教育资源。但是目前"大多数学校都没有对本地的红色资源进行有效的开发,而这也是普遍存在的问题"[①]。本地的红色资源因为地缘的接近,更利于学生去实地了解,也更能激发学生的志气、骨气和底气。红色文化资源开发不够,也就不能更好地发挥其育人功能。

3.红色文化的隐性教育利用不够

大学校园是学生生活的场所,校园文化对学生的思想起着潜移默化的作用。良好的校园环境能够熏陶学生良好的情操、高远的志向。红色文化的融入能够让校园文化环境更加利于学生成才,更加充满蓬勃向上的精神力量。但是目前高校校园文化中红色资源的利用不够,一些学校校园里,红色文化难见踪影,学生难以直接接触到红色文化的熏染。"不少学校也积极地开展红色校园的建设,但是在实际的建设过程中只停留于校园文化建设的表面,忽视深层次的内涵。"[②]红色文化在校园文化环境中的缺失导致红色文化的隐性教育功能发挥不出来,影响到高校思想政治教育工作的效果。

---

① 韩玲:《红色文化涵育社会主义核心价值观研究》,北京:人民出版社,2020 年,第 225 页。

② 韩玲:《红色文化涵育社会主义核心价值观研究》,北京:人民出版社,2020 年,第 222 页。

四、红色文化融入高校思想政治教育的路径

（一）融入思想政治理论课教学

1.融入"马克思主义基本原理"课程

"马克思主义基本原理"是一门介绍马克思主义基本原理的课程，集中介绍了马克思主义的立场、观点和方法。该门课程有利于学生掌握马克思主义的基本理论、基本观点、基本方法。在导论中，可以将马克思主义的产生发展与红色文化的产生联系起来，讲述清楚二者都是时代的产物。在第一章"世界的物质性及发展规律"中，可以讲述红色文化中质量互变的案例、事物普遍联系的案例。在第二章"实践与认识及其发展规律"中，可以融入红色文化中认识世界和改造世界的案例。在第三章"人类社会及其发展规律"中，可以融入红色文化中人民群众支持中国革命的故事，显示群众力量的伟大。在第四章"资本主义的本质及规律"中，可以融入红色文化中关于控诉帝国主义罪行的内容。在第五章"资本主义的发展及其趋势"中，可以融入红色文化中关于资本主义批判的内容。在第六章"社会主义的发展及其规律"中，可以融入红色文化中关于社会主义建设的内容。第七章"共产主义崇高理想及其最终实现"中，可以融入红色文化中关于共产党人坚持理想信念不息奋斗的内容。

2.融入"毛泽东思想和中国特色社会主义理论体系概论"课程

"毛泽东思想和中国特色社会主义理论体系概论"是一门介绍毛泽东思想和中国特色社会主义理论体系的课程，集中介绍了中国共产党人创造的毛泽东思想、邓小平理论、"三个代表"重要思想、科学发展观和习近平新时代中国特色社会主义思想等重要理论成果。在第一章"毛泽东思想及其历史

地位"中,可以融入红色文化中关于毛泽东领导中国革命的历程和个人经历。在第二章"新民主主义革命理论"中,可以融入红色文化中关于井冈山精神、西柏坡精神等大量关于新民主主义革命的内容。第三章"社会主义改造理论"中,可以融入红色文化中关于社会主义改造时期的鲜活案例。第四章"社会主义建设道路初步探索的理论成果"中,可以融入红色文化中关于社会主义建设时期大量的案例。第五章"中国特色社会主义理论体系的形成发展"中,可以融入红色文化中关于改革开放以来中国发展进步的大量内容。第六章"邓小平理论"中,可以融入红色文化中关于邓小平领导改革开放的个人经历和历史故事,等等。

3.融入"思想道德与法治"课程

"思想道德与法治"是一门介绍道德与法治知识的课程,集中介绍了马克思主义的道德观和法治观。第一章"领悟人生真谛 把握人生方向"中,可以融入红色文化中关于革命先烈们崇高的人生选择。第二章"追求远大理想 坚定崇高信念"中,可以融入红色文化中关于革命前辈们坚定理想信念的事迹。第三章"继承优良传统 弘扬中国精神"中,可以融入红色文化中关于中国共产党革命精神的内容。第四章"明确价值要求 践行价值准则"中,可以融入红色文化中关于共产党人坚守马克思主义价值观的论述和事迹。第五章"遵守道德规范 锤炼道德品格"中,可以融入红色文化中关于优秀革命道德的内容。第六章"学习法治思想 提升法治素养"中,可以融入红色文化中关于法治文化的内容。

4.融入"近现代史纲要"课程

"中国近现代史纲要"是一门介绍中国近现代历史的课程,让学生学习了解中国近现代史。第一章"进入近代后中华民族的磨难与抗争"中,可以融入红色文化中关于中华民族的精神追求。第二章"不同社会力量对国家出路的早期探索"中,可以融入红色文化中关于中国近代先进的中国人探索救国救民道路的内容。第三章"辛亥革命与君主专制制度的终结"中,可以融入红色文化中关于反对封建主义的内容。第四章"中国共产党成立和中国革命新局面"中,可以融入红色文化中关于伟大建党精神的内容。第五章"中国革命的新道路"中,可以融入红色文化中关于革命斗争的内容。第六章"中华民族的抗日战争"中,可以融入红色文化中关于抵御日本帝国主义侵略的内容。第七章"为建立新中国而奋斗"中,可以融入红色文化中关于中华人民共和国成立的内容。第八章"中华人民共和国的成立与中国社会主义建设道路的探索"中,可以融入红色文化中关于社会主义建设的内容。第九章"改革开放与中国特色社会主义的开创和发展"中,可以融入红色文化中关于时代精神的内容。第十章"中国特色社会主义进入新时代"中,可以融入红色文化中关于社会主义先进文化的内容。

(二)融入课程思政建设

1.加强对各学科教师的红色文化培训

高校教师在课程思政建设中起着重要的引领作用。然而很多教师由于学科背景限制,尤其是一些国外留学回来的教师,红色文化素养并不充分。可以利用教师培训等机会对他们开展红色文化的培训,引导他们参观红色文化遗址和博物馆,实地走访红色人物纪念馆,观看红色电影和红色音乐节目,从而增强他们的红色文化素养。在他们接受了红色文化培训以后,就能更好地在课程思政中融入红色文化元素。

2.加强对各学科红色文化的融入

文科、理科、工科、农业、商科、医学、法学等学科都可以在课程思政中融入红色文化元素。文科课程,如文学、历史、哲学,可以融入红色文学经典、红色历史、红色思想等内容。理科课程,如数学、物理、化学、生物,可以融入红色数学家、红色物理学家、红色化学家、红色生物学家的故事。工科课程,如建筑设计、桥梁设计,可以融入红色建筑、红色桥梁等内容。农业课程,可以融入袁隆平等红色农业科学家的故事。商科课程,可以融入红色资本家实业报国等内容。医学课程,可以融入白求恩等红色医生的故事等内容。法学课程,可以讲红色革命历史上的法治建设等内容。

(三)融入校园文化建设

1.融入校园物质文化建设

"高校物质文化是高校校园文化的物化形态,是高校教学、科研、服务社会的物质基础,其存在形式多种多样,包括师资队伍、校园环境、建筑风格、规划布局、人文景观、教学设施等。"①红色文化融入校园的物质文化建设可以体现社会主义大学的鲜明形象和精神追求,在师资队伍建设上,加强对教师的红色文化培育;在校园环境建设上,可以设立红色文化的雕塑,张贴红色标语口号等;在建筑风格上,加强红色正能量的凝筑;在规划布局上,体现红色文化的布局意图;在人文景观上,可以设立红色文化景观;在教学设施上,可以体现红色文化的设施设备。

2.融入校园精神文化建设

"大学是国家的思想文化高地,大学文化是追求真理、求实创新的文化,其中,精神文化是大学文化的灵魂。大学精神是大学文化的内核和最高表现形式,是大学的独特气质和价值规范体系。"②社会主义大学要体现社会主义精神,红色气质是许多高校的重要特色。用红色文化融入高校精神文化,开展红色文化精神教育,增强广大师生的中国特色社会主义道路自信、理论自信、制度自信和文化自信。

---

① 冯刚:《探索思想政治教育发展的内生动力》,北京:人民出版社,2017年,第93页。
② 冯刚:《探索思想政治教育发展的内生动力》,北京:人民出版社,2017年,第92页。

3.融入校园制度文化建设

"大学制度是大学文化在制度层面的反映，体现了高校的办学目标、发展战略、社会基础、历史使命和时代特征。大学制度建设是大学文化建设、教育教学质量的有效保障。只有系统持续地加强制度文化建设，才能逐步实现规章制度与学校长远发展目标之间的深度契合。"①在中国共产党历史上，高校一直是重要的阵地，有着丰富的红色文化制度资源，这些可以为今天高校的制度文化建设提供宝贵经验。例如中国共产党在延安时期创办了大量高校，这些高校都有制度建设的内容，可以为今天的高校制度建设所参考借鉴。

---

① 冯刚：《探索思想政治教育发展的内生动力》，北京：人民出版社，2017 年，第 92 页。

第五章　中华优秀传统文化
与思想政治教育研究述评

　　党的二十大报告指出："中华优秀传统文化源远流长、博大精深，是中华文明的智慧结晶，其中蕴含的天下为公、民为邦本、为政以德、革故鼎新、任人唯贤、天人合一、自强不息、厚德载物、讲信修睦、亲仁善邻等，是中国人民在长期生产生活中积累的宇宙观、天下观、社会观、道德观的重要体现，同科学社会主义价值观主张具有高度契合性。我们必须坚定历史自信、文化自信，坚持古为今用、推陈出新，把马克思主义思想精髓同中华优秀传统文化精华贯通起来、同人民群众明而不觉的共同价值观念融通起来，不断赋予科学理论鲜明的中国特色，不断夯实马克思主义中国化时代化的历史基础和群众基础，让马克思主义在中国牢牢扎根。"①结合党和国家的发展战略和思想政治教育的根本任务，将传统文化与思想政治教育研究进一步深化，在持续推进传统文化与思想政治教育基础理论研究的基础上，进一步关注习近平相关论述、传统文化创新性发展和创造性转化等前沿问题，突出了其时代

---

　　① 习近平：《高举中国特色社会主义伟大旗帜　为全面建设社会主义现代化国家而团结奋斗——在中国共产党第二十次全国代表大会上的报告》，《人民日报》，2022 年 10 月 26 日。

特征。梳理其中具有代表性的成果,总结其特点、明确其不足、研判其趋势,对于进一步深化传统文化与思想政治教育研究具有重要意义。

一、中华优秀传统文化与思想政治教育研究的进展

近年来,关于中华优秀传统文化与思想政治教育的研究,学者们主要围绕习近平关于传统文化重要论述、马克思主义基本原理与中华优秀传统文化相结合以及中华优秀传统文化创造性转化和创新性发展等基础理论问题展开,注重对实践领域中优秀传统文化融入思想政治教育的现实探索,对传统文化与思想政治教育相关研究展开了较为深入的探讨。

(一)习近平关于中华优秀传统文化重要论述的研究

习近平在党的二十大报告中再次提出了马克思主义基本原理同中国具体实际相结合、同中华优秀传统文化相结合的问题,"两个结合"将中华优秀传统文化放在更加重要的位置,对于我国走中国式现代化道路,开辟马克思主义中国化时代化新境界具有重要意义。

一是习近平关于中华优秀传统文化重要论述的理论来源的研究。有学者提出,习近平关于中华优秀传统文化重要论述的思想渊源来源于马克思主义文化理论和中国共产党人的文化思想,习近平牢牢抓住思想文化与经济基础的关系这一对矛盾,概括了马克思主义文化理论的精髓。中国共产党在领导中国人民革命、建设、改革的伟大实践中,自觉运用马克思主义理论,不断推动中国传统文化的现代转化,形成了丰富的文化思想,是习近平关于中华优秀传统文化重要论述的直接理论来源。[1]有学者提出,习近平关于中

---

① 冯刚、鲁力:《习近平关于中华优秀传统文化重要论述的理论蕴涵》,《湖南大学学报》(社会科学版),2022 年第 1 期。

华优秀传统文化重要论述的形成理路在于：中华优秀传统文化是其生成的源流和基础；马克思主义中国化是其存在的依托和遵循；中国特色社会主义伟大实践是其发展的根基和沃土。①

二是习近平关于中华优秀传统文化重要论述的主要内容的研究。有学者将习近平关于中华优秀传统文化的论述概括为"基因说""根魂说""沃土说"等。②有学者提出，习近平关于中华优秀传统文化的重要论述，主要是从历史与现实、道德与政治、人民与世界、生态与价值四重逻辑维度上加以分析和阐述的。从历史和现实上看，中华优秀传统文化是中华民族的精神标识和文化基因，也是建设社会主义文化强国，实现中国梦的精神沃土。从道德与政治上看，习近平高度认同传统文化中的道德基因和政治智慧，并将其运用在治国理政之中。从人民与世界上看，中国始终遵循民本思想和人文关怀，还创造性地提出人类命运共同体思想。从生态与价值维度，中华优秀传统文化中蕴含着丰富的生态伦理思想，对于走可持续发展道路具有重要意义。③

三是习近平关于中华优秀传统文化重要论述的时代价值的研究。学者们从多个视角出发，提出了习近平关于中华优秀传统文化重要论述的时代价值。有学者指出："习近平关于中华优秀传统文化的重要论述为新时代中华优秀传统文化的继承创新指明了方向，提供了根本遵循，标志着中国化马克思主义文化观的大飞跃、大突破。"④有学者指出："习近平总书记在一系列

---

① 朱丹：《习近平关于中华优秀传统文化重要论述的形成理路和实践要求》，《理论探讨》，2022年第1期。

② 张丽君、黄靖：《习近平关于中华优秀传统文化新论述的意义》，《学校党建与思想教育》，2022年第22期。

③ 李娜：《习近平关于中华优秀传统文化重要论述的逻辑维度和价值意蕴》，《中共福建省委党校(福建行政学院)学报》，2022年第2期。

④ 冯刚、鲁力：《习近平关于中华优秀传统文化重要论述的理论蕴涵》，《湖南大学学报》(社会科学版)，2022年第1期。

讲话、著述中对古典名句进行巧妙化用,其用典范围之广、意蕴之深、数量之多、方法之巧、指向之明,令人叹为观止。习近平用典对弘扬和传承中华优秀传统文化具有特殊意义,也为探索推进中华优秀传统文化'两创'提供了遵循,指明了路向。"①有学者指出:"习近平对于中华优秀传统文化的相关重要论述具有极大的时代价值和深远历史意义,对于如何对待民族传统文化并坚定文化自信,如何传承民族优秀文化以建设中国特色社会主义文化强国,如何发展民族优秀文化以建构并引导当代世界文化与人类文明的前进方向等都具有重大价值意蕴。"②

(二)中华优秀传统文化的基础理论研究

中华优秀传统文化的基础理论是我们进行研究的基础支撑和重要依据。近年来,在以往研究的基础上,学者们对优秀传统文化的基础理论研究不断拓展加深,进一步丰富了该领域的研究成果。学界对优秀传统文化的基础理论研究主要集中于马克思主义基本原理与中华优秀传统文化相结合、中华优秀传统文化创造性转化和创新性发展以及关于中华优秀传统文化当代传播经验的研究。

一是关于马克思主义基本原理与中华优秀传统文化相结合的研究。有学者提出,马克思主义基本原理同中华优秀传统文化相结合具有重大意义,通过探讨马克思主义基本原理同中华优秀传统文化相结合的路径、功能、范围、历史必然性及其深远影响,③论证马克思主义基本原理同中华优秀传

---

① 张晓刚、胡凌燕:《习近平用典及其对推进中华优秀传统文化"两创"的价值意蕴》,《海南大学学报》(人文社会科学版),2022年第6期。

② 李娜:《习近平关于中华优秀传统文化重要论述的逻辑维度和价值意蕴》,《中共福建省委党校(福建行政学院)学报》,2022年第2期。

③ 刘美红:《推动马克思主义基本原理与中华优秀传统文化相结合》,《中国文化报》,2022年7月12日。

文化相结合在马克思主义理论史上的贡献，阐释它对开辟马克思主义中国化时代化新境界、推动 21 世纪马克思主义发展所产生的巨大作用，具有重大的现实意义和理论意义。①有学者从"两个结合"重要判断着手，提出习近平新时代中国特色社会主义思想是"两个结合"具有升华性意义的集大成者，同时习近平也是"两个结合"的原创者。②有学者提出，"新时代继续推进马克思主义基本原理同中华优秀传统文化相结合，要坚持马克思主义的指导地位，深入挖掘中华优秀传统文化的精髓要义，并聚焦中华优秀传统文化的创造性转化与创新性发展"③。

　　二是关于中华优秀传统文化的创造性转化与创新性发展的研究。有学者基于马克思主义的立场、观点和方法论证了如何对传统文化进行"抽丝剥茧"，并根据时代需要将其转化为服务当下的文化资源，揭示了中华优秀传统文化创造性转化创新性发展的运行机理。④有学者指出，坚定中华优秀传统文化自信是践行"两创"方针的必然要求。⑤有研究者将中华优秀传统文化转化创新应当采取的原则方法概括为"五个坚持"：坚持以马克思主义为指导；坚持以国家重大战略需求为导向；坚持以灿烂悠久、博大精深的历史文化为突破口；坚持公益性发展和商业性创新双轮驱动；坚持专业研究和大众创新线面结合。⑥有学者认为，对于中华优秀传统文化的转化和创新，不能只

---

①　董学文：《马克思主义基本原理同中华优秀传统文化相结合的重大意义》，《中国高校社会科学》，2022 年第 6 期。

②　武文豪、周向军：《习近平"两个结合"重要论断的三重逻辑论析》，《思想教育研究》，2022 年第 3 期。

③　王易：《马克思主义基本原理同中华优秀传统文化相结合的历史考察与时代要求》，《马克思主义研究》，2022 年第 3 期。

④　李新潮：《中华优秀传统文化创造性转化创新性发展的运行机理》，《理论学刊》，2022 年第 2 期。

⑤　徐晨光、肖菲：《论新时代中华优秀传统文化"两创"方针的双重维度》，《思想政治教育研究》，2022 年第 3 期。

⑥　葛爱冬：《中华优秀传统文化转化创新应把握的原则》，《山东社会科学》，2022 年第 5 期。

关注其目标和价值，还应该关注其中蕴含的一般逻辑进程。指出其逻辑进程包括分解、汰选、融入三个环节。①

三是关于中华优秀传统文化当代传播经验的研究。有学者提出，要积极传播中华优秀传统文化和民族文化；传播中国故事；做好国际传播受众研究；并顺应时代发展，通过建立多层级的传播集群矩阵和建立多主体的立体传播格局提高中国声音的传播力。②有学者从坚定文化自信、彰显精神标识、坚持系统性推进三个维度出发，论证了提升中华文化传播效能的有效路径：坚定文化自信是提升中华文化传播效能的核心；彰显精神标识是提升中华文化传播效能的关键；坚持系统化推进是提升中华文化传播效能的保障。③

（三）中华优秀传统文化融入思想政治教育的研究

中华优秀传统文化包含了丰富的思想政治教育元素，与思想政治教育在目标、内容等方面具有高度的一致性，对新时代推动思想政治教育创新发展具有重要意义。近年来，学界主要围绕优秀传统文化融入思想政治教育的意义、内容以及途径等方面进行了比较深入的探索。

一是关于中华优秀传统文化融入思想政治教育的意义的研究。就优秀传统文化融入思想政治教育的意义，有学者提到，将中华优秀传统文化融入思政教育是应对文化全球化挑战的现实需要，是落实以文化人理念的有效举措；是培养学生文化自信和人文素质的内在需求。④有研究者从优秀传统文化融入大学生思想政治教育视域下，论证了中华优秀传统文化对大学生思想政治教育具有支撑作用；中华优秀传统文化对大学生思想政治教育具

---

① 刘学斌：《试论中华优秀传统文化转化、创新的逻辑进程》，《福建师范大学学报》（哲学社会科学版），2022 年第 4 期。

② 张馨予、黄葵：《中华优秀传统文化国际传播战略路径研究》，《贵州民族研究》，2022 年第 5 期。

③ 陆新：《提升中华文化的传播效能》，《红旗文稿》，2022 年第 14 期。

④ 宋君玲：《中华优秀传统文化融入思政教育探究》，《中学政治教学参考》，2022 年第 7 期。

有导向价值;中华优秀传统文化对大学生思想政治教育具有发展价值。①有学者以中华优秀传统文化融入高校思想政治教育为切入点，指出在高校思想政治教育中融入中华优秀传统文化,有利于增强大学生的文化自信、涵养大学生的道德情操,为"培养什么样的人"提供丰富滋养。②

二是关于中华优秀传统文化融入思想政治教育的内容的研究。有学者指出,中华优秀传统文化具有深厚的社会实践性,包含了大量的思想政治教育内容。可以有效地丰富我国的思想政治教育资源,促使我国的思想政治教育能够从民族优秀传统文化中寻求相应的资源支持。③有学者以中华优秀传统文化融入高校思政教育为切入点,指出中华优秀传统文化是高校开展思政教育的重要精神文化资源,高校思政教育能够将中华优秀传统文化中的家国观、和谐观、德性观等内容,融入爱国主义教育、社会关爱教育和人格修养教育。④有学者提到民族优秀传统文化蕴含着丰富的思想政治教育资源。其中"精忠报国"的爱国情怀;"崇德向善"的社会风尚;"孝老爱亲"的家庭美德;"勤俭节约"的生活理念;"以和为贵"的人际关系;"自强不息"的进取精神;"天人合一"的人文思想,丰富了新时代思想政治教育内容,有利于推动社会主义精神文明建设,促进国家文化繁荣与发展。⑤

三是关于中华优秀传统文化融入思想政治教育的途径的研究。有学者以问题为导向,分析当前中华优秀传统文化融入思想政治教育的实践中存

① 胡萱、胡小君:《中华优秀传统文化融入大学生思想政治教育的价值与实现路径》,《学校党建与思想教育》,2022 年第 14 期。

② 李璐璐、何桂美:《关于中华优秀传统文化融入高校思想政治教育的思考》,《学校党建与思想教育》,2022 年第 4 期。

③ 乌日乐:《民族优秀传统文化在高校思政教育中的传承及应用》,《黑龙江民族丛刊》,2022 年第 3 期。

④ 王华、殷旭辉:《中华优秀传统文化融入高校思政教育刍议》,《学校党建与思想教育》,2022 年第 19 期。

⑤ 李永皇:《民族优秀传统文化的思想政治教育价值及其实现路径研究》,《贵州民族研究》,2022 年第 1 期。

在着问题,提出"通过基于问题的情境教学实践重新审视中华优秀传统文化在思政课改革中的现实处境,革新传统的教学方法、考核方法和评价方法,从而建构一整套科学的、系统的、整全性的体制基础,在实际教学中将中华优秀传统文化有机地、科学地融入高校思想政治教育,结合具体的历史典故、思想义理、道德典范,重新激发思政课的生命力与启示性、感染力和感召力,从而更有效地组织有效的互动式教学,切实实现思政课立德树人的教育功能,实现思政课改革的根本目标"[①]。有学者提出,将中华优秀传统文化系统地、创造性地融入大中小学思政课一体化建设,打破传统文化融入大中小学思政课一体化建设教学壁垒;完善传统文化融入大中小学一体化建设教学布局;创新传统文化融入大中小学思政课一体化建设的教学方法。[②]有学者提出,以中华优秀传统文化为载体,创新德育形式:一是探索中华优秀传统文化教育与青少年兴趣相结合的形式;二是创新中华优秀传统文化教育与现代媒体相结合的形式;三是发展中华优秀传统文化教育与大学通识教育相结合的形式。[③]

二、中华优秀传统文化与思想政治教育研究的特点与不足

中华优秀传统文化与思想政治教育研究的特点与不足,是进一步深化思想政治教育创新发展的应有之义,把握这些研究特点和不足是推动未来研究进一步发展的关键。

---

① 曾誉铭:《中华优秀传统文化融入高校思政课的理论思考与实践探索》,《思想战线》,2022 年第 5 期。

② 颜雨萱、付晓男:《论中华优秀传统文化融入大中小学思政课一体化建设》,《中学政治教学参考》,2022 年第 23 期。

③ 石书臣:《中华优秀传统文化中的德育资源及其当代价值研究》,北京:学习出版社,2022年,第 300~360 页。

（一）中华优秀传统文化与思想政治教育研究的特点

中华优秀传统文化与思想政治教育研究成果，具体表现为与党中央精神契合度高、与现实需要结合紧密以及与往年研究连续性强的三方面特点。

一是与党中央精神契合度高。对中华优秀传统文化与思想政治教育的研究离不开党中央精神的指引，进行优秀传统文化与思想政治教育研究必须以党中央精神指示为根本遵循。党的十八大以来，在以习近平同志为核心的党中央的领导下，中华优秀传统文化的传承与发展呈现出勃勃生机，极大增强了优秀传统文化的凝聚力、影响力和创造力。2021 年，中共中央、国务院印发《关于新时代加强和改进思想政治工作的意见》指出，"深入实施中华优秀传统文化传承发展工程"[①]。这就进一步明确了推动新时代思想政治工作守正创新，要更加注重以文化人以文育人，重视优秀传统文化的价值。2022年 10 月 16 日，习近平在党的二十大报告中再次提道，"坚持创造性转化和创新性发展，以社会主义核心价值观为引领，发展社会主义先进文化，弘扬革命文化，传承中华优秀传统文化"[②]。学界聚焦新时代推进思想政治工作新要求和习近平总书记相关重要论述，同党中央基本要求保持高度一致，相关研究紧紧围绕习近平传统文化观研究；马克思主义基本原理与中华优秀传统文化相结合、中华优秀传统文化的创造性转化与创新性发展等基础理论研究，着重阐释了优秀传统文化的思想政治教育价值，深入探索了将其融入思想政治教育的途径和方式。

二是与现实需要结合紧密。关注实践发展，回应现实需要，是传统文化与思想政治教育研究持续深入推进的基本动力之一。通过回顾相关研究的

---

① 《中共中央国务院印发〈关于新时代加强和改进思想政治工作的意见〉》，《人民日报》，2021年 7 月 13 日。

② 习近平：《高举中国特色社会主义伟大旗帜　为全面建设社会主义现代化国家而团结奋斗——在中国共产党第二十次全国代表大会上的报告》，《人民日报》，2022 年 10 月 26 日。

新进展,可以发现相关研究成果呈现出较为鲜明的实践导向性。学者们坚持问题导向的原则,以具体实际问题为研究切入点,在进行学理性分析的基础上作进一步的深入研究。比如,有研究从中华优秀传统文化体量庞大、年代久远的视角下,论证了当下优秀传统文化传承与创新发展面临的诸多现实挑战,探讨了新时代下进行"两创"的具体实践路径,为优秀传统文化的创新发展提供了可供借鉴的参考和建议。此外,通过系统梳理相关研究成果,不难发现目前学界在原有研究基础上也较为深入地分析了传统文化与思想政治教育相结合的价值意蕴、现实困境以及实践路径等,相关研究与现实需要更加紧密结合,尤其是加强了对优秀传统文化融入思想政治教育研究成果的实践转化研究。比如,许多学者就教学方法、考核方法和评价方法进行针对性研究,对构建一整套系统性的优秀传统文化融入思政教育机制进行了有益探索。再比如,有研究者基于大学生现实学习生活的时空场域,探索建立将优秀传统文化融入课堂教学、实践教育、网络领域、文化场域等全方位的思政渗透模式,等等。体现出学者们始终紧扣时代热点、关注现实需要的学术敏锐性。观照现实需要是进行学术研究的应有之义,研究者在进行基础理论研究的基础上需要密切关注与该领域相关的现实动态。学界针对传统文化传承发展面临的现实问题及优秀传统文化融入思想政治教育的实际困境等,展开了较为深入的研究与思考,推动了传统文化与思想政治教育研究与时俱进,不断发展。

三是与往年的研究连续性强。通过系统梳理相关研究成果,可以发现学界针对传统文化与思想政治教育的研究延续了以往对于习近平传统文化观、优秀传统文化传承发展及传统文化当代传播等前沿问题的基础理论研究,并在原有研究成果的基础上学者们继续探讨了优秀传统文化的思想政治教育价值及优秀传统文化融入思政教育的意义、内容和途径等现实问题。比如,诸多研究者对习近平传统文化观的研究都延续了以往的基本研究范式,集中围绕其思想的生成逻辑、主要内涵、时代价值及实践路径等方面进行探索。对于传统文化的创造性转化和创新性发展,学界继续回答了为何进行"两创"、何以进行"两创"及如何进行"两创"等重大现实问题。再比如,就优秀传统文化的思想政治价值而言,近年来研究者们继续从人类、国家、社会、个人,由宏观到微观的视角,论证了传统文化的思想政治教育价值。另一方面,中华优秀传统文化如何有效融入思想政治教育一直都是学界高度关注的热点,本年度学者们继续聚焦这一现实问题,集中探讨了传统文化与思想政治教育相结合的有效思路和方式,在已有研究基础上持续深入挖掘传统文化的思政元素,探索构建将传统文化融入思想政治教育的有效机制。总之,近年来关于传统文化与思想政治教育的研究在延续已有基础理论研究的基础上,深化了对优秀传统文化的思政资源挖掘、传统文化融入思想政治教育等问题的探索,形成了系列理论成果,积极推进该领域研究取得重要进展。

(二)中华优秀传统文化与思想政治教育研究的不足

近年来,传统文化与思想政治教育研究较为可观,但也存在一些局限和不足。主要表现为研究内容上不够均衡、不够全面;研究方法上不够多元、不够科学;研究成果不够深入、不够丰富。

一是研究内容上不够均衡、不够全面。客观分析相关研究成果,我们发现关于传统文化与思想政治教育的研究内容不够均衡、不够全面,相关研究存在一定局限性。第一是对传统文化当代价值的挖掘阐发尚不均衡。目前学界对于优秀传统文化内涵的界定基本一致,认为中华优秀传统文化是以儒家思想为核心的传统文化中的哲学思想、教化思想、道德理念、人文精神,等等。通过梳理当前研究成果,不难发现学者们对传统文化的挖掘阐释主要是围绕儒家文化展开。优秀传统文化内涵丰富,儒、释、道三家思想交相辉映;

且形式多样,包括古书典籍、诗词歌赋、科学技术、传统节日、礼仪制度,等等,都属于传统文化的重要范畴,是中华民族在社会生产实践中创造的物质财富和精神财富的总和,蕴含着丰富的思想政治教育资源,未来学界应当拓宽研究视野,从丰厚的优秀文化资源中挖掘开发思想政治教育元素。此外,优秀传统乡土文化、地域文化、少数民族文化也是中华优秀传统文化的重要组成部分,而本年度以乡土文化、地域文化、少数民族文化为对象的研究相对较少,还存在巨大研究空间。第二是研究范围尚不全面。关于实践领域的传统文化融入学校思想政治教育一直是学界关注的热点,研究者们聚焦学校育人主阵地,相关研究主要围绕传统文化融入学校思想政治教育展开,尤其集中于高校,对于其他学段及学校教育系统以外的范围较少有针对性的研究涉及,需要进一步加强。总之,从整体来看,关于中华优秀传统文化与思想政治教育的相关研究内容不够均衡、不够全面,已有研究成果仍有进一步深化研究的空间,有待拓展研究内容,深化研究范围。

二是研究方法上不够多元、不够有效。通过系统梳理相关研究成果,我们发现现有研究方法局限性日益显露,集中表现为:一是理论研究方法较多,实证方法运用较少。思想政治教育学科是一门实践性很强的学科,但当前大量研究仍以传统的文本分析、理论阐释为主,缺乏实证性研究结果的支撑和补充。比如,学者们对于传统文化融入思想政治教育现实路径的探讨更多是基于已有研究基础上的推导和论证,缺少相关实证研究结果的辅助,所提出的具体方案也缺少教育实践的验证。后续研究应当注意结合实证研究方法,通过对研究对象进行大量观察、实验、调查等,获取更加客观的研究材料。二是方法比较单一,对于其他学科的借鉴不够。作为一门开放且与时俱进的学科,跨学科研究已经成为思想政治教育常用的研究方法之一,能够借鉴和应用其他学科的知识、理论和方法,拓宽研究的视野和主题。不仅是适应当下发展的需要,而且对于本领域研究具有重要启发作用。未来学界可以加强与教育学、文化学、传播学、信息科学等学科的合作与交流，关注相关领域的发展趋势及前沿动态。后续研究应当更加注重理论联系实际，并借鉴相关学科引入新的研究思路和方法，不断探索更加多元化、科学化的研究方法。

三是研究成果不够深入、不够丰富。基础理论研究深度有待进一步提升，继续观照现实发展新需要。目前不少学者聚焦于传统文化基础理论性研究，特别是近年来关于马克思主义基本原理与中华优秀传统文化契合性问题、优秀传统文化创新转化等，引发了学界重视，虽然涌现了许多研究成果，但仍不够深入，相关理论研究尚未成熟，后续研究需要进一步拓展，形成更为系统性的研究成果。此外，针对实践领域中传统文化融入思想政治教育是学界研究的重点和难点问题，但关于其意义、内容及途径的探索仍存在一定局限性不够深入，比如，就其意义而言，对传统文化当代价值的阐释研究有待结合时代特点和现实需要进一步加强；对其内容而言，在已有研究基础上需要深入挖掘更多优秀传统文化与思想政治教育相结合的元素；就其实践路径而言，理论研究表面上取得一定成果，但实际效果并不十分明显。

三、中华优秀传统文化与思想政治教育研究的展望

基于对中华优秀传统文化与思想政治教育研究现状的梳理、研究特点及研究局限性的分析，展望未来中华优秀传统文化与思想政治教育研究，应继续加强对习近平传统文化观的研究、深入挖掘传统文化的丰富内涵、不断寻找传统文化与马克思主义的契合点、不断探索传统文化与思想政治教育的结合方式、创新传统文化融入大中小学思政一体化，等等，继续深化当前传统文化与思想政治教育研究，助力推动新时代文化强国建设和思想政治教育创新发展。

（一）继续深化对习近平传统文化观的研究

通过系统梳理和总结关于习近平传统文化观的研究成果，不难发现，当前学界对习近平传统文化观的研究仍不够完善。首先表现为研究范式呈现出固化倾向，研究成果较多以习近平传统文化观的"生成逻辑—主要内容—当代价值"三维理路进行探讨，与以往研究相比区分度不够明显。其次，理论研究的目的在于指导实践，解决现实中存在的问题。割裂理论与现实的关系，就会陷入主观主义和形而上学的思想迷雾。当前研究对习近平传统文化观中作为"理论形态"的基础理论研究较多，而对习近平传统文化观如何指导现实的实践路径探索较少。一方面，综观对习近平传统文化观研究成果，可以发现不少研究存在"新瓶装旧酒"问题，即用新的形式表现旧的内容，研究内容与以往研究成果大同小异，缺乏创新性。此外，马克思主义文化理论是习近平传统文化观的重要思想来源，习近平自身传统文化积淀与时下国内国际新形式、新进展也是习近平传统文化观形成的重要原因，分析相关研究成果可以发现学界着手于这些方面的研究较少。基于此，我们认为未来学界可以从加强学术交流入手，通过打破学术资源壁垒，避免同质化内容过多，造成重复性研究，减少学术资源的浪费。同时，研究者可以积极加强同政府与社会组织的合作，拓宽研究领域和研究内容，及时把握该领域的现实动向，推进理论研究和实践发展相结合。另一方面，可以从加强马克思主义文化观研究、主体考量及时代考察三方面着手深化习近平传统文化观思想形成的追根溯源工作。

（二）深入挖掘传统文化的丰富内涵

结合新时代特点深入挖掘阐释传统文化的当代价值，是传承发展优秀传统文化的题中应有之义，也是激活传统文化生命力的必由路径。综观相关研究成果,虽然不少研究指出传统文化是宝贵的育人资源,但对其当代价值的挖掘和阐发不够全面、不够深入,后续研究应当聚焦于实践发展需要,进一步深入挖掘传统文化的丰富内涵:一是守正创新,坚持古为今用的原则。在准确把握传统文化核心要义的基础上,与时俱进不断补充其科学内涵,推动中华优秀传统文化创造性转化和创新性发展,将古代智慧与时代精神结合起来,进而将其具体内容转化为现代性的话语融入思想政治教育之中。二是拓宽研究视野。一直以来对传统文化融入思想政治教育中内容的挖掘和阐释以儒家文化为主。传统文化内涵丰富,形式多样。综观中华思想文化,儒释道兼收并蓄;几千年的中华文明,同样存留了浩如烟海的文化经典,蕴含着丰富的思想政治教育资源。优秀传统文化历久弥新,生生不息,如何结合现实发展新需求,对传统思想文化进行二次开发,挖掘其思想政治教育元素,阐释其当代价值仍有巨大的研究空间。后续研究应当在传统文化的关联性研究,整合优秀传统文化内容上下功夫。三是打造学术共同体,建设专业化研究团队。组织行业内对传统文化相关研究具有学术热情和一定能力的专家学者,专攻该领域研究,进而提升传统文化与思想政治教育研究的学理性与系统性。同时,未来学界也可以加强跨界交流合作,如借鉴文化界、教育界相关研究内容及方法,拓展跨学科的理论视野,为优秀传统文化融入思想政治教育的理论与实践研究提供更加有力的科学支撑。

(三)不断寻找传统文化与马克思主义的契合点

习近平在党的二十大报告强调:"坚持和发展马克思主义,必须同中华优秀传统文化相结合。只有根植本国、本民族历史文化沃土,马克思主义真理之树才能根深叶茂。"①中华优秀传统文化是中华文明的智慧结晶,五千多

---

① 习近平:《高举中国特色社会主义伟大旗帜 为全面建设社会主义现代化国家而团结奋斗——在中国共产党第二十次全国代表大会上的报告》,《人民日报》,2022年10月26日。

年的岁月积淀,孕育了讲仁爱、守诚信、重民本、求大同、崇正义、尚和合的思想精华,与当代弘扬的价值理念高度契合,早已成为国人日用而不觉的思想观念和行为方式。在马克思主义中国化时代化的语境下,马克思主义同中华优秀传统文化具有高度的契合性,二者相互联系,互为依托。一方面,作为"舶来品"的马克思主义要扎根中国大地必须融入中国独特的精神文化世界。另一方面,中华优秀传统文化只有在马克思主义真理光芒的科学指引下,才能与当代发展相适应,与现代文化相协调。回顾相关马克思主义基本原理与优秀传统文化相结合的理论研究成果,可以发现学界围绕马克思主义基本原理与中华优秀传统文化相结合的历程、必要性、原则要求、时代价值以及现实关照等方面进行了比较深入的探讨,但对于优秀传统文化与马克思主义基本原理相结合的内容与范围研究不足、不够深入,大量研究论证了传统文化中"以民为本""求大同"及朴素哲学思想与马克思主义的人民立场、共产主义理想、辩证唯物观点相契合。然而马克思主义与优秀传统文化还存在诸多其他的相通之处,有待学者们加以探讨,在思想理念、价值追求、精神实质等方面寻求更多的契合点,讲清楚为何、何以以及如何加强马克思主义基本原理与中华优秀传统文化相结合。

(四)不断探索传统文化与思想政治教育的结合方式

通过对相关文献的梳理和分析,不难发现探索传统文化与思想政治教育的结合方式,将优秀传统文化融入思想政治教育是学界一直以来关注的热点问题,对于推动新时代思想政治教育创新发展具有重要意义。学校是进行传统文化与思想政治教育的主阵地,课堂教学是立德树人的主渠道,因此大多数学者从传统文化融入学校思想政治教育的视角下,分析了当前主要存在教育内容缺乏针对性、教育手段和方式缺乏创新性、教育评价缺乏科学性、课程体系尚不完整等问题。针对这些现实困境,大量研究立足构建"三个课堂",即将优秀传统文化融入课堂教学、融入实践活动、融入校园文化建设;依托当地特色优势整合优秀传统文化资源,将本地的历史文化资源融入课程体系中;创新教学手段和方式,"投其所好"讲好中华优秀传统文化故事,打破对传统文化"古板""无趣"的认识误区,等等,提出了比较具有可行性的具体方案。也有研究基于更加宏观的视角,提出构建传统文化与时代精神相结合、与社会活动相结合、与校园文化相结合、与家庭教育相结合的思政教育模式等。学界在已有研究的基础上,结合发展变化的实际情况,对传统文化与思想政治教育相结合的方式作了积极有益的探索,提供了有益思路和可行方案。

当前关于传统文化融入思政教育的研究成果转化力度仍然不足,如何破解其中诸多现实难题也为学者们留下了巨大的研究空间,亟待继续深入实际进行探索。传统文化与思想政治教育的有效结合不是对传统文化的简单传递,实现二者的有机结合是一项极为复杂的系统工程,未来研究应当从加强对中华优秀传统文化挖掘与阐释着手,在整合优秀传统文化的思想政治教育内容资源、抓好队伍建设、创新教育教学手段和方式、构建科学评价体系、完善课程体系建设研究等方面下功夫,不断探索传统文化与思想政治教育相结合的有效方式。

(五)创新探索传统文化融入大中小学思想政治教育

优秀传统文化教育需要抓早抓小、久久为功。学界对于传统文化融入大中小学思政一体化虽然展开了系列探索,但整体来看相关研究成果较少,还存在巨大研究空间,有待进一步深化,创新探索传统文化融入大中小学思政一体化研究。一是加强主体研究。传统文化融入大中小学思政一体化建设的主体主要是指学生和教师。首先,针对学生主体。当前学界针对不同学段学生在认知特征、成长规律、兴趣爱好等就传统文化融入大中小学思政一体化的教学目标、教学内容以及教学方法的设计等进行了探讨,虽然就具体教学实践提出了一些举措,但重复性内容较多,需要后续研究展开专门性和针对性研究,继续加强对学生主体的把握。其次,针对教师主体。教师作为一体化建设的重要参与者、实施者,未来研究需要注重针对提升其业务能力、传统文化素养提供更加可行的策略。二是加强大中小学一体化课程体系建设的研究。结合大中小学各学段特点探索构建传统文化融入大中小学相衔接的课程体系,是实现传统文化融入大中小学思政一体化的重点和难点问题。当前学界针对课程目标、课程内容、课程教材等作了比较深入的分析研究,但仍存在巨大研究空间。三是加强大中小学一体化交流合作研究。目前不少学者提出通过打造"学术+教学"共同体,实现大中小学优质资源互补共享。但就具体实施还需进一步深化研究。一体化是一项复杂的工程,需要各个环节相互配合。未来研究应当聚焦于主体研究、课程体系建设、队伍建设、课堂教学、课程资源等,从而构建起传统文化融入大中小学思政的一体化实施和保障机制,为传统文化融入大中小学思政一体化建设提供理论指引和实践参考。

第六章 中华优秀传统家书的
思想政治教育价值研究
——以《曾国藩家书》为例

党的二十大报告指出："中华优秀传统文化源远流长、博大精深，是中华文明的智慧结晶，其中蕴含的天下为公、民为邦本、为政以德、革故鼎新、任人唯贤、天人合一、自强不息、厚德载物、讲信修睦、亲仁善邻等，是中国人民在长期生产生活中积累的宇宙观、天下观、社会观、道德观的重要体现，同科学社会主义价值观主张具有高度契合性。我们必须坚定历史自信、文化自信，坚持古为今用、推陈出新，把马克思主义思想精髓同中华优秀传统文化精华贯通起来、同人民群众日用而不觉的共同价值观念融通起来，不断赋予科学理论鲜明的中国特色，不断夯实马克思主义中国化时代化的历史基础和群众基础，让马克思主义在中国牢牢扎根。"①

中华优秀传统文化含有丰富的思想政治教育资源，可以为今天的人们提供精神的滋养。中华民族是一个重视家庭的民族，留下了宝贵的家书文

---

① 习近平：《高举中国特色社会主义伟大旗帜 为全面建设社会主义现代化国家而团结奋斗——在中国共产党第二十次全国代表大会上的报告》，人民出版社，2022年，第18页。

化。晚清名臣曾国藩，集中华优秀传统文化之大成，写下了宝贵的家书，通过家书教育子弟，孝敬父母，这些家书是中国优秀传统家书文化的重要组成部分。深度发掘并利用《曾国藩家书》中与中国式现代化核心价值观相一致的思想政治教育资源，就是对中华优秀传统文化的创造性转化和创新性发展，就是对社会主义思想政治教育事业的积极推进。曾国藩留传于世的信件多达 1500 封，虽是在距今约二百年前书写的，但是中华民族上千年教育思想的累积，其智慧的处事哲学思想和以身作则、躬身力行的教育方法，培养造就了几百位曾氏人才，真正做到了知与行统一，并积极影响着后世，在今天仍然具有较高的思想政治教育价值。

一、清廉传家：培育优良的家风家教

家庭教育是思想政治教育体系中的重要一环，与每个人的生活息息相关，家庭教育的好坏直接影响教育结果的成败。曾国藩身处重传承的儒学世家，从小便信从祖父星冈公的治家"八事"和"三不信"家风，等到管家时，更是以身作则，愈加重视曾氏门风的塑造和维持，演变出"八本家训"和"三致祥"，"八本"即"读书以训诂为本，作诗文以声调为本，事亲以得欢心为本，养生以少恼怒为本，立身以不妄言为本，居家以不晏起为本，做官以不要钱为本，行军以不扰民为本"①，"家中无论老少男妇，总以习勤劳为第一义，谦谨为第二义。劳则不佚，谦则不傲，万善皆从此生矣"②，他就算身在千里之外、政务缠身，也不忘通过家书对兄弟和后辈严加要求，从日常生活、邻里相处到整个家族的持盈保泰之道，可谓面面俱到，为历代家风之典范。《曾国藩家书》中的治家之道包括兄友弟恭家和睦、勤俭自勉戒骄逸、孝悌为本以尊上、

---

① （清）曾国藩：《曾国藩家书》（下），哈尔滨：北方文艺出版社，2014 年，第 407 页。
② （清）曾国藩：《曾国藩家书》（下），哈尔滨：北方文艺出版社，2014 年，第 407~408 页。

居安思危保长久、宽以相待敬邻里、耕读传家是本心等内容,主要围绕孝悌、家和、睦邻、传承、勤俭、谨朴、诚恕、敬谦、劳廉、崇礼等展开,这些有关家风的思想精华有效保证了曾国藩家族的持盈保泰,为我国思想政治教育提供了高超的家教经验和方法。

(一)兄友弟恭家和睦:夫家和则福自生

中国人常说家和万事兴,家和则聚气,家庭和睦是一个家族兴旺长存的根本。中华民族自古便崇尚"和谐",因此"以和为贵"的价值观念在我国传统的思想文化中起到了重要作用,无形中影响着人们的生活。"和字能守得几分,未有不兴;不和未有不败者"①,家庭和谐是培养优秀后辈的基础,温暖的家庭氛围、兄弟间的相互照应、长辈的榜样作用都能成为家族发展的动力。曾国藩在道光二十三年(1843)正月十六写与父母亲的信中有言:"夫家和则福自生。若一家之中,兄有言,弟无不从,弟有请,兄无不应,和气蒸蒸而家不兴者,未之有也;反是而不败者,亦未之有也"②,接着又在道光二十三年二月十九日与父母的书信中再次提道:"兄弟和,虽穷氓小户必兴;兄弟不和,虽世家宦族必败。男深知此理,故禀堂上各位大人俯从男等兄弟之请。男之意实以和睦兄弟为第一"③,可见他对兄弟情谊和家庭和睦的重视。家和是幸福生活到来的前提,兄友弟恭、互相帮助才能实现家族兴旺。

(二)勤俭自勉戒骄逸:勤俭自勉以常保盛美

"成由勤俭破由奢""由俭入奢易,由奢返俭难""劳则善心生,佚则淫心生""生于忧患,死于安乐",勤俭节约是古今大家族所共有的宝贵品格,为历

---

① (清)曾国藩:《曾国藩家书》(上),哈尔滨:北方文艺出版社,2014年,第216页。
② (清)曾国藩:《曾国藩家书》(上),哈尔滨:北方文艺出版社,2014年,第39页。
③ (清)曾国藩:《曾国藩家书》(上),哈尔滨:北方文艺出版社,2014年,第44页。

代所称道。"吾不欲多寄银物至家,总恐老辈失之奢,后辈失之骄,未有钱多而子弟不骄者也,吾兄弟欲为先人留遗泽,为后人惜余福,除却勤俭二字,别无做法"①,相比于遗留金钱,曾国藩更愿意将与骄佚相反的勤俭留给后世子孙,以积累祖宗福泽,造福后人。"后辈子侄,总宜教之以礼。出门宜常走路,不可动用舆马,长其骄惰之气。一次姑息,二次三次姑息,以后骄惯难改,不可不慎"②,从生活小事入手要求后辈子侄养成戒骄奢的好习惯,"吾家子侄,人人需以勤俭二字自勉,庶几长保盛美"③,"居家之道,唯崇俭可以长久,处乱世尤以戒奢侈为要义,衣服不宜多制,尤不宜大镶大滚,过于绚烂"④,曾国藩成长在士大夫家庭,在与弟弟和儿子的通信中,仍不忘提点问候家中子弟对勤俭的遵行情况,以免沾染上纨绔子弟的坏习气,断送家族的好风气。"诸弟在家,总宜教子侄守勤敬。吾在外,既有权势,则家中子弟,最易流于骄,流于佚,二字皆败家之道也,万望诸弟刻刻留心,勿使后辈近于此二字,至要至要"⑤,曾国藩就算身居高位,也依然坚持勤俭和谦卑的生活准则,并监督家中子孙是否勤俭持家,他认为骄傲自满和放荡淫逸都是导致家族走向下坡路的罪魁祸首。"处兹乱世,银钱愈少,则愈可免祸;用度愈省,则愈可养福。尔兄弟奉母,除劳字俭字之外,别无安身之法"⑥,身处乱世,节省有度可免除祸患,要以劳俭为安身立命之法。"凡一家之中,勤敬二字能守得几分,未有不兴;若全无一分,未有不败"⑦,"无论大家小家、士农工商,勤苦俭约,未有不兴;骄奢倦怠,未有不败"⑧,勤俭节约是中华民族的传统美德,幸福是奋斗

---

① （清）曾国藩:《曾国藩家书》(下),哈尔滨:北方文艺出版社,2014年,第616页。

② （清）曾国藩:《曾国藩家书》(上),哈尔滨:北方文艺出版社,2014年,第317页。

③ （清）曾国藩:《曾国藩家书》(下),哈尔滨:北方文艺出版社,2014年,第664页。

④ （清）曾国藩:《曾国藩全集》(第7卷),北京:中国致公出版社,2001年,第2544页。

⑤ （清）曾国藩:《曾国藩家书》(上),哈尔滨:北方文艺出版社,2014年,第217页。

⑥ （清）曾国藩:《曾国藩全集》(第7卷),北京:中国致公出版社,2001年,第2467页。

⑦ （清）曾国藩:《曾国藩家书》(上),哈尔滨:北方文艺出版社,2014年,第216页。

⑧ （清）曾国藩:《曾国藩全集》(第6卷),北京:中国致公出版社,2001年,第2222页。

出来的,若每一位中华儿女都自觉做到心勤和身勤,减少浪费,拒绝贪馋懒惰,那么中华民族伟大复兴定会实现。

(三)孝悌为本以尊上:在孝悌上用功

《论语·学而》:"有子曰:孝悌也者,其为仁之本欤","孝"即孝顺父母,"悌"即兄弟友爱,在孔子看来"孝悌"是为仁的根本,孟子也说过:"尧、舜之道,孝弟而已矣",三字经讲:"首孝悌,次见闻"等,"孝悌"是儒家文化中最深层次的基因记忆,包含着个体对长辈和平辈之间关系的处理,涵盖了家庭教育中最根本的内容。古代圣贤都将"守孝悌"作为治家的最核心原则,曾国藩作为"大儒",也认为孝悌为先,在其写与父母、祖父母的书信中,多用"跪禀""谨启""敬禀""谨禀"等敬辞开头以表对长辈的尊重,书信内容问候父母身心康健、弟兄们的日常学习生活,将遵行"孝悌"的纲常伦理当作真正的大学问,"于孝悌两字上尽一分便是一分学,尽十分便是十分学。今人读书皆为科名起见,于孝悌伦纪之大,反似与书不相关。殊不知书上所载的,作文时所代圣贤说的,无非要明白这个道理。若果事事做得,即笔下说不出何妨!若事事不能做,并有污于伦纪之大,即文章说得好,亦只算个名教中之罪人"[1],他强调"科名之所以可贵者,谓其足以承堂上之欢也,谓禄仕可以养亲也"[2],考取科举功名之所以珍贵,就在于它能让长辈高兴,可以侍奉双亲,"孝致祥"[3]更是将孝与家族兴衰相联系。"修身、齐家、治国、平天下"这四个层面表明,一个人只有爱父母兄弟才会忠心爱护自己的国家,中华优秀传统"孝悌文化"博大精深,我们要常怀感恩之心,以大德示人。

---

① (清)曾国藩:《曾国藩家书》(上),哈尔滨:北方文艺出版社,2014年,第50~51页。
② (清)曾国藩:《曾国藩家书》(上),哈尔滨:北方文艺出版社,2014年,第51页。
③ (清)曾国藩:《曾国藩家书》(下),哈尔滨:北方文艺出版社,2014年,第407页。

（四）居安思危保长久：盛时宜作衰时想

关于家族发展常有"富不过三代"的怪圈，但是曾族却打破这个陈规，成就了百年不败的大家族，做到世代有才人，而少有败家的纨绔子弟，这一切都源于掌家人从不以位高权重而骄傲自满、颐指气使，反而虚心受教，以宽厚行事，为家族计深远，使得族内相处融洽兴盛。"孙所以汲汲馈赠者，盖有二故。一则我家气运太盛，不可不格外小心，以为持盈保泰之道。旧债尽清，则好处太全，恐盈极生亏；留债不清，则好中不足，亦处乐之法也。二则各亲戚家皆贫，而年老者，今不略为资助，则他日不知何如"①，这是曾国藩的惜福之道，主张馈赠帮助他人，接济贫困的亲戚和老者，在一定程度上也能缓解家族的盈极生亏，达到持盈保泰。"盛时常作衰时想，上场当念下场时，富贵人家，不可不牢记此二语也"②，"凡有盛必有衰，不可不预为之计"③，他在书信中多次点明，富贵人家之所以能够富贵，就在于居安思危、未雨绸缪，在困难到来前就要有所准备，忧患意识是治家中必不可少的，为官之家更要谨记。

（五）宽以相待敬族邻：初移富坨不可轻慢近邻

常言道"远亲不如近邻"，清朝"六尺巷"的邻里谦让故事更是一段佳话，中华民族的族邻相处之道历史悠久。"凡亲族邻里来家，无不恭敬款接，有急必周济之，有讼必排解之，有喜必庆贺之，有疾必问，有丧必吊"④，曾国藩遵从祖父"善待亲族邻里"的家法，若亲族邻里有需要，必会以礼相待，并在家书中引用李申夫之母"有钱有酒款远亲，火烧盗抢喊四邻"的话，叮嘱家人

---

① （清）曾国藩：《曾国藩家书》（上），哈尔滨：北方文艺出版社，2014年，第56页。
② （清）曾国藩：《曾国藩家书》（下），哈尔滨：北方文艺出版社，2014年，第492页。
③ （清）曾国藩：《曾国藩全集》（第8卷），北京：中国致公出版社，2001年，第2956页。
④ （清）曾国藩：《曾国藩全集》（第7卷），北京：中国致公出版社，2001年，第2374页。

"我家初移富圫,不可轻慢近邻,酒饭宜松,礼貌宜恭"①,强调与邻里相处要懂得让步,恭敬他人,这也是积攒家族气运的一种方式,不要刻薄待人,适当地"吃亏"也是一种修行。既为一家,就是"一荣俱荣,一损俱损"的整体关系,曾国藩一脉虽然日渐兴旺,但他仍交代家中子孙要互相走动交往,重视祭祀事宜,这是拉近亲族关系的重要方式,并躬行实践,关爱帮助族邻,"孙去年腊月十八曾寄信到家,言寄家银一千两,以六百为家中还债之用,以四百为馈赠亲族之用"②,告知祖父自己将家中银钱馈赠给族内亲人,不因官位高低和财富多寡而轻慢。

(六)耕读传家是本心:贤肖不在高位而在谨朴

从曾家发家史可知,其最初以耕读为基础,进而在曾国藩这一代成长为名声显赫的官宦之家,这一飞跃发展离不开家教家风的正确引导,在家族内部形成淡泊名利、不贪不傲、耕读传家的氛围。"吾细思凡天下官宦之家,多只一代享用便尽。其子孙始而骄佚,继而流荡,终而沟壑,能庆延一二代者鲜矣。商贾之家,勤俭者能延三四代;耕读之家,谨朴者能延五六代;孝友之家,则可以绵延十代八代"③,曾国藩比对官宦之家、商贾之家、耕读之家、孝友之家的延续时间,深刻认识到为官是不能保长久的,虽然自身能够严于律己,但是无法保证后辈遵从伦理道德续家声,因此教导儿子"尔曹唯当一意读书,不可从军,亦不必做官"④,"我今赖祖宗之积累,少年早达,深恐其以一身享用殆尽,故教诸弟及儿辈,但愿其为耕读孝友之家,不愿其为仕宦之家"⑤,唯有不忘谨朴劳俭的本心,传承祖宗耕读孝悌的家法,方能成就家族的长盛不

---

① (清)曾国藩:《曾国藩全集》(第8卷),北京:中国致公出版社,2001年,第2930页。
② (清)曾国藩:《曾国藩家书》(上),哈尔滨:北方文艺出版社,2014年,第56页。
③ (清)曾国藩:《曾国藩家书》(上),哈尔滨:北方文艺出版社,2014年,第145页。
④ (清)曾国藩:《曾国藩全集》(第7卷),北京:中国致公出版社,2001年,第2466页。
⑤ (清)曾国藩:《曾国藩家书》(上),哈尔滨:北方文艺出版社,2014年,第145页。

衰。曾国藩向来不看重入仕为官,反而最在意勤俭耕读,时刻做着会被罢官的思想准备,"居官不过偶然之事,居家乃是长久之计,能从勤俭耕读上做出好规模,虽一旦罢官,尚不失为兴旺气象"①。"月盈而亏",曾国藩处在国家内外动乱的清末,家族名声过盛,必会招致迫害,满盘倾覆;保持耕读本心,低调行事,才是保家的根本。

二、读书有恒:激发积极的读书热忱

一切知识和能力的取得都要依靠读书学习。"本领不是天生的,是要通过学习和实践来获得的。当今时代,知识更新周期大大缩短,各种新知识、新情况、新事物层出不穷。有人研究过,18世纪以前,知识更新速度为90年左右翻一番;20世纪90年代以来,知识更新加速到3至5年翻一番。近50年来,人类社会创造的知识比过去3000年的总和还要多。还有人说,在农耕时代,一个人读几年书,就可以用一辈子;在工业经济时代,一个人读十几年书,才够用一辈子;到了知识经济时代,一个人必须学习一辈子,才能跟上时代前进的脚步。如果我们不努力提高各方面的知识素养,不自觉学习各种科学文化知识,不主动加快知识更新、优化知识结构、拓宽眼界和视野,那就难以增强本领,也就没有办法赢得主动、赢得优势、赢得未来。"②

伟大的人物都爱读书。曾氏作为耕读传家的士族大家庭,最为重视家庭成员的读书学习情况,从曾国藩祖父那代起就将读书作文为治家之本,因此曾国藩自幼受家族熏陶,饱读诗书,他认为读书一为进德,二为修业,不仅能够增长见识,还可以改变个人气质,正所谓"腹有诗书气自华"。《曾国藩家书》中其关于读书的原则主要有五点:恒、"常"、专、择、勤思明理,他以"为学

---

① （清）曾国藩:《曾国藩全集》(第8卷),北京:中国致公出版社,2001年,第2956页。

② 《习近平谈治国理政》(第一卷),北京:外文出版社,2018年,第403页。

四事勉儿辈:一曰看生书宜求速,不多读则太陋。一曰温旧书宜求熟,不背诵则易忘。一曰习字宜有恒,不善写则如身之无衣,山之无木。一曰作文宜苦思,不善作则如人之哑不能言,马之跛不能行"①,常常对兄弟子侄的习字用笔、作文立意、言语举止、读经史子集给予指导意见和经验,颇为用心。

(一)读书贵以恒

读书要有恒心,是曾国藩劝学思想中最重要的内容。"学问之道无穷,而总以'有恒'为主。"②曾国藩告诫兄弟们学海无涯,日日有恒才能深入探求知识,坚持今日事今日毕,"虽极忙,亦须了本日功课,不以昨日耽搁而今日补做,不以明日有事而今日预做"③,以勤补拙,弥补天生资质不足的情况。"年无分老少,事无分难易,但行之有恒,自如种树畜养,日见其大而不觉耳"④,有志者,事竟成,曾国藩运用比喻,强调事在人为,年龄大小、事情难易都不是成事不足的借口,通俗易懂地阐述行事有恒心才是成事的根本。读书有恒就如同种树,只要把树种下去,自然就会每天生长。曾国藩教育儿子:"尔之短处在言语欠钝讷,举止欠端重,看书能深入而作文不能峥嵘。若能从此三事上下一番苦工,进之以猛,持之以恒,不过一二年,自尔精进而不觉。言语迟钝,举止端重,则德进矣。作文有峥嵘雄快之气,则业进矣"⑤,他直言不讳地教育儿子读书学习要持之以恒,逐渐精进,日积月累的积淀实现德进业进,只要能够做到持之以恒,不过一两年的时间就可以精进不少。这也正如习近平指出的:"青年有着大好机遇,关键是要迈稳步子、夯实根基、久久为功。心浮气躁,朝三暮四,学一门丢一门,干一行弃一行,无论为学还是创业,

---

① (清)曾国藩:《曾国藩家书》,北京:中国画报出版社,2012年,第81页。
② (清)曾国藩:《曾国藩家书》(上),哈尔滨:北方文艺出版社,2014年,第75页。
③ (清)曾国藩:《曾国藩家书》(上),哈尔滨:北方文艺出版社,2014年,第75页。
④ (清)曾国藩:《曾国藩全集》(第7卷),北京:中国致公出版社,2001年,第2579页。
⑤ (清)曾国藩:《曾国藩全集》(第7卷),北京:中国致公出版社,2001年,第2579页。

都是最忌讳的。'天下难事，必作于易；天下大事，必作于细。'成功的背后，永远是艰辛努力。青年要把艰苦环境作为磨炼自己的机遇，把小事当作大事干，一步一个脚印往前走。滴水可以穿石。只要坚韧不拔、百折不挠，成功就一定在前方等你。"①

（二）读书贵以"常"

温故而知新，读书谨记一"常"字。曾国藩将"常"看作是人生第一美德。曾国藩说："人生唯有常是第一美德，余早年于作字一道，亦尝苦思力索，终无所成。近日朝朝摹写，久不间断，遂觉月异而岁不同。"②曾国藩早年曾经苦苦思索写字之道，然而并没有获得成功，随着人生阅历的增加，竟能领悟早年间苦思不得其解的书法，因此他认为，要常回顾学过的内容，定会有新的发现，获得更深层次的理解。"时文亦不必苦心孤旨［诣］去作，但常常作文。心常用则活，不用则窒；常用则细，不用则粗。"③在曾国藩看来，不必要苦心孤诣曲写文章，但是对于写文章之事要常思考多练习。在曾国藩看来，头脑只有常用才会灵活，不用就会生锈，头脑常用就会心思细腻，不用就会粗鄙。通过经常思考锻炼，使得心思活跃、思维敏捷，这就是曾国藩到老年依然思维活跃的秘诀。

（三）读书贵以专

读书要专心致志，思想集中，"心一而不纷"④。唐代韩愈说，业精于勤荒于嬉，行成于思毁于随。"经则专守一经，史则专守一代，读经史则专主义理"⑤，

---

① 习近平：《论党的宣传思想工作》，北京：中央文献出版社，2020 年，第 79 页。
② （清）曾国藩：《曾国藩全集》（第 7 卷），北京：中国致公出版社，2001 年，第 2579 页。
③ （清）曾国藩：《曾国藩全集》（第 7 卷），北京：中国致公出版社，2001 年，第 2370 页。
④ （清）曾国藩：《曾国藩家书》（上），哈尔滨：北方文艺出版社，2014 年，第 41 页。
⑤ （清）曾国藩：《曾国藩家书》（上），哈尔滨：北方文艺出版社，2014 年，第 41 页。

"此一集未读完,断断不换他集,亦'专'字诀也"①。在曾国藩看来,读书不能三心二意,要专守一业,专攻一艺。读儒家经典要专守住一部经典之作,向里钻研。研究历史也要专守一代的历史,研究深研究透。要守好自己的一亩三分地。读书治学不能见异思迁,也不能太泛滥,必须要建立自己的专长。曾国藩向兄弟们传授读书的经验,若想学而精,就必须有专心和耐心,"穷经必专一经,不可泛骛"②,"读经有一'耐'字诀:一句不通,不看下句;今日不通,明日再读;今年不精,明年再读,此所谓耐也"③,不可好高骛远。

(四)读书贵以择

善读书,读好书,有选择性地读书。如今曾家家境殷实,藏书众多,但人的精力有限,不可能所有文章都熟读,囫囵吞枣式阅读并不可取,曾国藩教导后辈用心良苦,教导儿子纪泽"买书不可不多,而看书不可不知所择"④,阅读必须要有所选择,术业有专攻,根据自己选定的领域择要而读。读"古人之书",方能成君子。正如习近平指出的:"领导干部学习,要正确把握学习的方向。忽视了马克思主义所指引的方向,学习就容易陷入盲目状态甚至误入歧途,就容易在错综复杂的形势中无所适从,就难以抵御各种错误思潮。没有正确方向,不仅学不到有益的知识,还很容易被一些天花乱坠、脱离实际甚至荒唐可笑、极其错误的东西所迷惑、所俘虏。"⑤读书必须要有选择,要有一个正确的方向。读书不能不有所选择,选择那些有益身心的书籍,选择那些对实际工作有帮助的书籍。

---

① (清)曾国藩:《曾国藩家书》(上),哈尔滨:北方文艺出版社,2014 年,第 41 页。
② (清)曾国藩:《曾国藩家书》(上),哈尔滨:北方文艺出版社,2014 年,第 41 页。
③ (清)曾国藩:《曾国藩家书》(上),哈尔滨:北方文艺出版社,2014 年,第 41 页。
④ (清)曾国藩:《曾国藩全集》(第 6 卷),北京:中国致公出版社,2001 年,第 2334 页。
⑤ 《习近平谈治国理政》(第一卷),北京:外文出版社,2018 年,第 406 页。

(五)读书要勤思明理

读书讲究勤思善问,虚心受教,明理增智。曾国藩教导兄弟和儿子,读书不要只停留在"解说文义"的层面,要深入地阅读,感受文章的意境,将读书融入生活,做到"虚心涵泳,切己体察"①,同时强调"吾人为学,最要虚心"②,受教时忘却虚心,则"傲气既长,终不进功,所以潦倒一生,而无寸进也"③,终究是不会有所进步,"故吾人用功,力除傲气,力戒自满,毋为人所冷笑,乃有进步也"④。读书要多思辨,"不必求记,却宜求个明白"⑤,作细致的研读和理解,这样才能达到心旷神怡的境界。"凡人多望子孙为大官,余不愿为大官,但愿为读书明理之君子"⑥,读书不只为混官职,要勤奋学习书中义理,以报国为民为己任,成为明理之君子。这也正如习近平所指出的:"面对世界的深刻复杂变化,面对信息时代各种思潮的相互激荡,面对纷繁多变、鱼龙混杂、泥沙俱下的社会现象,面对学业、情感、职业选择等多方面的考量,一时有些疑惑、彷徨、失落,是正常的人生经历。关键是要学会思考、善于分析、正确抉择,做到稳重自持、从容自信、坚定自励。要树立正确的世界观、人生观、价值观,掌握了这把总钥匙,再来看看社会万象、人生历程,一切是非、正误、主次,一切真假、善恶、美丑,自然就洞若观火、清澈明了,自然就能作出正确判断、作出正确选择。"⑦

---

① (清)曾国藩:《曾国藩全集》(第6卷),北京:中国致公出版社,2001年,第2284页。

② (清)曾国藩:《曾国藩家书》(上),哈尔滨:北方文艺出版社,2014年,第73页。

③ (清)曾国藩:《曾国藩家书》(上),哈尔滨:北方文艺出版社,2014年,第73页。

④ (清)曾国藩:《曾国藩家书》(上),哈尔滨:北方文艺出版社,2014年,第73页。

⑤ (清)曾国藩:《曾国藩全集》(第6卷),北京:中国致公出版社,2001年,第2344页。

⑥ (清)曾国藩:《曾国藩全集》(第6卷),北京:中国致公出版社,2001年,第2222页。

⑦ 习近平:《论党的宣传思想工作》,北京:中央文献出版社,2020年,第79页。

三、立己立人：引导正确的修身处世

修身处世是一门大学问。古今贤者皆有贤明的立身之法，但都离不开儒家以"仁"为核心的思想引领，"仁者，即所谓欲立立人，欲达达人也"，修行自身是成事的基础，只有通过修身吸收了巨大的能量，才能"齐家、治国、平天下"。曾国藩一生品行端正，关于修身立人有着一套严格的方法体系，曾家子孙皆仿效其君子之风，其修身内容可以总结为五点：诚、敬、静、谨、恒，以诚为本，做谦谦君子，进而达到最高境界"慎独"。《曾国藩家书》中曾国藩立己立人的内容可以归纳为以下六点：明强为本当大事、省己平和戒郁怒、谨言慎行徐图自强、笃行务实勿苟懈、勤俭谦逊勿自满、敬恕"血诚"以成仁，他强调先修己后治人，明强、谦谨、勤俭、敬恕、省己、笃行、忠诚等，"以能立能达为体，以不怨不尤为用"①，方能立身于不败。

（一）明强为本当大事

"至于担当大事，全在明强二字"②，意在刚柔并济，动静结合。曾国藩深受儒家思想的影响，在家书中多次引用儒家经典教导兄弟，如阐释《中庸》的思想核心是"愚必明，柔必强"③，"愚"为大智若愚，"柔"为"强"后之柔，意在肯定九弟国荃的倔犟争强的个性特点，但光有坚韧勇气是不行的，还要有一定的智谋知事识人才行，"凡事非气不举，非刚不济，即修身齐家，亦须以明强为本"④，才能抽身而退，善始善终。"明"在"强"之前，权衡利弊后再用强，

---

① （清）曾国藩：《曾国藩家书》（下），哈尔滨：北方文艺出版社，2014年，第723页。
② （清）曾国藩：《曾国藩家书》（下），哈尔滨：北方文艺出版社，2014年，第576页。
③ （清）曾国藩：《曾国藩家书》（下），哈尔滨：北方文艺出版社，2014年，第576页。
④ （清）曾国藩：《曾国藩家书》（下），哈尔滨：北方文艺出版社，2014年，第576~577页。

"弟性爽快,不宜发之太骤"①,少因一时冲动而难堪。"天地之道,刚柔互用,不可偏废,太柔则靡,太刚则折"②,不"明"则糊涂行事易出错,不"强"则软弱无能易半途而废,所以"明""强"互用是君子的必备品质,有主见,敢斗争。

(二)省己平和戒郁怒

"凡郁怒最易伤人"③,身处逆境也不要气馁,抑郁发怒最伤身,"唯有处之泰然,行所无事"④,平心静气才能到达顺境,要从"裕"字、"悔"字上下功夫,省己克己。"盖无故而怨天,则天必不许;无故而尤人,则人必不服"⑤,曾国藩认为"牢骚太甚者,日后必多抑塞",不要牢骚满腹,怨天尤人,并给出解决方法,"凡遇牢骚欲发之时,则反躬自思:吾果有何不足而蓄此不平之气?猛然内省,决然去之。不唯平心谦抑,可以早得科名,亦且养此和气,可以消减病患"⑥,若是沾染了坏习气,也必须猛省痛改,求个安稳。"与他人交际,亦须略省己之不是"⑦,责人先责己,"凡事都见得人家有几分是处"⑧,做到"人不知,而不愠",静心凝神,"去忿欲以养体,存倔犟以励志"⑨,为自己创造一个和谐的修身环境,扩展自己的胸襟气度,自然会达到"日进无疆"的境界。

(三)谨言慎行徐图自强

"古来言凶德致败者约有二端:曰长傲,曰多言",谨言慎行是培养自身

---

① (清)曾国藩:《曾国藩家书》(下),哈尔滨:北方文艺出版社,2014年,第589页。
② (清)曾国藩:《曾国藩家书》(下),哈尔滨:北方文艺出版社,2014年,第475页。
③ (清)曾国藩:《曾国藩家书》(下),哈尔滨:北方文艺出版社,2014年,第647页。
④ (清)曾国藩:《曾国藩家书》(下),哈尔滨:北方文艺出版社,2014年,第723页。
⑤ (清)曾国藩:《曾国藩家书》(上),哈尔滨:北方文艺出版社,2014年,第173页。
⑥ (清)曾国藩:《曾国藩家书》(上),哈尔滨:北方文艺出版社,2014年,第173页。
⑦ (清)曾国藩:《曾国藩家书》(下),哈尔滨:北方文艺出版社,2014年,第716页。
⑧ (清)曾国藩:《曾国藩家书》(下),哈尔滨:北方文艺出版社,2014年,第723页。
⑨ (清)曾国藩:《曾国藩家书》(下),哈尔滨:北方文艺出版社,2014年,第558页。

德行的入门阶段,进而才能做到立达自强。曾国藩认为他未真正承袭到圣贤恭敬谨慎的修身之道,所以教导纪鸿"尔宜举止端庄,言不妄发,则入德之基也"①,以成圣贤为人生目标。古来成大事者不可急躁,欲速则不达,但求"徐图自强而已",嘱咐弟弟国荃要沉得住气,"天怀淡定,莫求速效"②。"天行健,君子以自强不息;地势坤,君子以厚德载物。"曾国藩一生都在追求为国为民做出最大的贡献,以君子自处之,"在自修处求强则可,在胜人处求强则不可"③,行事不必和他人作比较,一味地想着战胜他人,一家独大,这样可能会"因强而大败",为君子所不屑,凡事只需要早立志,修养身心,超越自己便可。

(四)笃行务实勿苟懈

树大招风,越到高位越要脚踏实地,不图虚名,不苟不懈,才能行稳致远。"有才者忿疑谤之无因,而悍然不顾,则谤且日腾;有德者畏疑谤之无因,而抑然自修,则谤亦日熄"④,曾国藩劝导弟弟修心养德讲求心定,不要被诋毁自己的流言蜚语所影响,"望置之度外,照常治事,到底不懈"⑤,不必太过在意他人的看法,众口难调,不如团结起来一致对外,一切自有公论。"格物,致知之事也;诚意,力行之事也"⑥,曾国藩认为这两点是《大学》一书最需要掌握的理念,是排除万难的原动力,若想"代圣贤立言,明圣贤之理,行圣贤之行",须先将格物诚意进行到极致,深思明辨,"莫问收获,只问耕耘"。正如习近平指出:"要笃实,扎扎实实干事,踏踏实实做人。道不可坐论,德不能空

---

① (清)曾国藩:《曾国藩全集》(第6卷),北京:中国致公出版社,2001年,第2222页。
② (清)曾国藩:《曾国藩家书》(上),哈尔滨:北方文艺出版社,2014年,第605页。
③ (清)曾国藩:《曾国藩家书》(上),哈尔滨:北方文艺出版社,2014年,第711页。
④ (清)曾国藩:《曾国藩家书》(下),哈尔滨:北方文艺出版社,2014年,第481页。
⑤ (清)曾国藩:《曾国藩家书》(下),哈尔滨:北方文艺出版社,2014年,第646页。
⑥ (清)曾国藩:《曾国藩家书》(上),哈尔滨:北方文艺出版社,2014年,第31页。

谈。于实处用力,从知行合一上下功夫,核心价值观才能内化为人们的精神追求,外化为人们的自觉行动。"①

(五)勤俭谦逊勿自满

"满招损,谦则益",君子修身要"求阙",保谦逊,"勤俭自持,习劳习苦,可以处乐,可以处约。此君子也"②,以勤俭自持。曾国藩身在外也不忘训导家中子弟承袭君子之德,主谦勤而戒骄惰,"教训后辈子弟,总以勤苦为体,谦逊为用,以药佚骄之积习"③,"时事日非,吾家子侄辈总以谦勤二字为主"④,曾国藩认为"奢、逸、骄"为人生三大敌,故言"家败,离不得个'奢'字;人败,离不得个'逸'字;讨人嫌,离不得个'骄'字"⑤,他最忌讳骄逸,"谦者骄之反也,勤者佚之反也,骄奢淫佚四字,惟首尾二字尤宜切戒"⑥,或修身处世,或治家保家,不用在意外在的华丽排场,内在的美好德性才是最应该学习的,"谨慎谦虚,时时省惕自己"⑦,时常反省提醒自己是否做到。

(六)敬恕"血诚"以成仁

真君子为"仁",心怀天下,立于天地间,不计较个人得失,曰敬恕,曰"血诚"。君子有三畏:畏天命,畏大人,畏圣人之言。敬恕是圣贤最为宝贵的做人道理,曾国藩曾劝诫弟弟待人接物常怀敬恕之心,居敬持志,宽以待人,"圣门教人,不外'敬恕'二字,天德王道,彻始彻终,性功事功,俱可包括"⑧,"敬"

① 习近平:《论党的宣传思想工作》,北京:中央文献出版社,2020年,第79页。
② (清)曾国藩:《曾国藩全集》(第6卷),北京:中国致公出版社,2001年,第2222页。
③ (清)曾国藩:《曾国藩家书》(下),哈尔滨:北方文艺出版社,2014年,第390页。
④ (清)曾国藩:《曾国藩家书》(下),哈尔滨:北方文艺出版社,2014年,第393页。
⑤ (清)曾国藩:《曾国藩家书》(下),哈尔滨:北方文艺出版社,2014年,第391页。
⑥ (清)曾国藩:《曾国藩家书》(下),哈尔滨:北方文艺出版社,2014年,第391~392页。
⑦ (清)曾国藩:《曾国藩家书》(上),哈尔滨:北方文艺出版社,2014年,第217页。
⑧ (清)曾国藩:《曾国藩家书》(上),哈尔滨:北方文艺出版社,2014年,第301页。

即与人交好要保持距离感，就算是亲密无间的朋友也要讲究礼仪，恭敬对待，以相互尊重为前提，不跨进对方的禁区；"恕"即胸襟坦荡，为他人留有余地，忍字当头，以报德而化怨，减少矛盾的激化，"大抵天下无完全无间之人才，亦无完全无隙之交情。大者得正，而小者包荒，斯可耳"①。以上是"立德之基，不可不谨"②。"精诚所至，金石为开"，"血诚"即发自内心的真诚，曾国藩将"血诚"作为自己建功立业和为人处世的根本，"须有一诚字，以之立本立志"，同时也用"血诚"约束家中子弟和军中部下，在为官中"诚"主要表现为"忠"，即忠心爱国，忠诚于自己的事业；在治家中"诚"主要表现为"孝"，即孝顺父母长辈；在为人中"诚"主要表现为"信"，即言而有信，靠得住，值得信赖。

"天下官宦之家，多只一代享用便尽"，但湘阴曾氏家族却打破常规，培养出一代又一代的优秀人才，涌现了众多的贤良子弟，引人深思。曾国藩的人生智慧在家书中尽显，其中忠君报国、清廉传家、读书有恒、立己立人等思想影响深远，为我们今天的家风文化建设提供了丰富的理论和实践资源，贴合群众生活，有利于推进思想政治教育建设事业的发展。

---

① （清）曾国藩：《曾国藩全集》（第7卷），北京：中国致公出版社，2001年，第2401页。
② （清）曾国藩：《曾国藩家书》（上），哈尔滨：北方文艺出版社，2014年，第309页。

第七章　儒家文化经典的思想政治教育价值研究

——以《论语》为例

　　习近平指出:"孔子创立的儒家学说以及在此基础上发展起来的儒家思想,对中华文明产生了深刻影响,是中国传统文化的重要组成部分。儒家思想同中华民族形成和发展过程中所产生的其他思想文化一道,记载了中华民族自古以来在建设家园的奋斗中开展的精神活动、进行的理性思维、创造的文化成果,反映了中华民族的精神追求,是中华民族生生不息、发展壮大的重要滋养。中华文明,不仅对中国发展产生了深刻影响,而且对人类文明进步作出了重大贡献。"[1]最深层次的文化保存于文化经典中,儒家文化经典《论语》千古流传,中国人的智慧和两千多年的风骨,都蕴含其中,这些思想精华仍然在现实中照亮着我们。《论语》传承于当代,如何将它与现代中国接轨,挖掘其中蕴含的思想政治教育价值是当代面临的重要课题,对于培养担当民族复兴大任的时代新人和实现中华民族伟大复兴中国梦具有重大意义。

---

　　[1]　习近平:《在纪念孔子诞辰 2565 周年国际学术研讨会暨国际儒学联合会第五届会员大会开幕会上的讲话》,《人民日报》,2014 年 9 月 25 日。

一、儒家文化经典的个体思想政治教育价值

习近平指出："中国传统文化博大精深，学习和掌握其中的各种思想精华，对树立正确的世界观、人生观、价值观很有益处。"①《论语》中体现的伦理思想、道德观点以及人文精神等对于提升个体精神境界和多方面素养具有十分重要的价值。"就个体自身而言，研读《论语》，意在打开我们作为中国人生命意义之本与源，让我们在一种民族文化的回返中重新甄定自我。"②

(一)仁者爱人：有利于培育仁爱的精神境界

"仁"在《论语》中共出现了 109 次，是儒家思想中最核心、最基本的概念。儒家推崇"仁爱"的思想，主张人性本善，认为仁爱是个体的本能，是人性的一部分和人的价值所在，提倡培育个体仁爱的精神境界。"仁义礼智信是古代中国人的核心价值观。儒家文化作为中国传统文化的主流，也是社会主义核心价值观的重要渊源。"③当前，我们所提倡的社会主义核心价值观源于仁爱精神，与之高度契合，特别是个人层面所倡导的爱国、敬业、诚信、友善，这些价值理念都是对儒家仁爱精神的具体映射。关于何谓"仁"？孔子说："弟子，入则孝，出则悌，谨而信，泛爱众，而亲仁。"④从这个意义上讲，仁爱精神首先体现于孝悌为仁，对待父母长辈要讲求孝悌。"孝悌也者，其为仁之本也。"⑤亲亲为本，家庭血缘是仁爱产生的基础和根本。其次，爱众为仁，仁爱

---

① 《习近平谈治国理政》(第一卷)，北京：外文出版社，2018 年，第 405 页。

② 刘铁芳：《走进生命的〈论语〉：〈论语〉研读作为一种生命的攀登》，《大学教育科学》，2022 年第 5 期。

③ 陈敏、鲁力：《论儒家文化的思想政治教育价值》，《理论学刊》，2015 年第 1 期。

④ 《论语·学而》。

⑤ 《论语·学而》。

精神体现在对待人类社会的关怀之上。这种爱超越了自我和血缘联系而关心爱护全人类,锤炼出以天下为己任的担当和济世救民的情怀,能够激发个体强烈的社会责任感。最后,爱物为仁,对万物生灵的仁爱精神,扩展到人以外的对象。"子钓而不纲,弋而不射。"①儒家主张人与自然的和谐共处,以适当方式获取自然资源,这种取物有节的方式彰显出孔子的仁爱之心。由此,仁爱精神的核心思想就是爱,以"亲亲"为原点,逐渐由人及物扩展至对世间万物的博爱胸怀。

仁不仅作为儒者道德修养的最高标准亦是中华民族几千年来一脉相承的民族基因。中华民族绵延数千年,形成了以"仁爱"为核心的价值体系,成为一代又一代中国人日用而不觉的思维方式和行为准则,彰显了中华民族的生命底色,早已融入国人的血液之中。《论语》中体现的仁爱思想,对于个体升华精神境界,在社会交往过程中、与自然相处之中践行仁爱理念具有十分重要的现实意义。仁爱不是知而是行,为仁由己,每个人都有成仁的可能性,仁爱精神的价值实现最终也要指向个体细微之处的实践行动:即对待亲人,孝敬父母、敬爱兄长;对待社会,肩负责任、担当使命;对待自然,尊重敬畏、和谐共处。引导人们树立正确的世界观、人生观、价值观,追求更高的精神境界是思想政治教育的主要任务。党的十八大以来,我国现代化进程正在加速,而现代化的本质是人的现代化。人作为社会最活跃的因素,也直接决定了社会现代化的程度。因此,在当前和今后一个时期,我们应当充分汲取《论语》中蕴含的仁爱思想,教育引导人们追求更高的精神境界,不断提升思想觉悟,为全面建设社会主义现代化强国提供更加强大的人才支撑。

(二)好学不倦:有利于培育浓厚的求知兴趣

《论语》一开头便强调"学而时习之",《说文解字》中讲:"学,觉悟也。"意

---

① 《论语·学而》。

思是通过学习,可以破除蒙昧,其本质是一种精神觉悟。孔子说:"十室之邑,必有忠信如孔丘焉,不如丘之好学也。"①评价自己好学不倦。学习是个体追求进步、实现志向的重要途径,夫子好学求知的精神在当代仍然值得我们发扬学习,这种精神主要表现为:第一,时不我待,学习要有紧迫感。"子入太庙,每事问。"②孔子少时就表现出了强烈的求知兴趣。他说:"学如不及,有恐失之。"③这是夫子对待学习的迫切心情,不满足于已有知识。第二,领会快乐,学习要深入其中。"知之者不如好之者,好之者不如乐之者。"④他认为以学为乐是对待学习的正确方式,才能做到学而不厌,活到老学到老。第三,持之以恒,学习要立大志。孔子谈及生平说:"吾十有五而志于学",在他浓厚求知兴趣的背后是崇高的志向,即推行儒家的政治主张,恢复周礼,涤荡春秋礼崩乐坏的局面。依着这个目标,他为不断完善自我和改造社会而学。非学无以广才,非志无以成学。志为学提供精神动力和目标指引,而学则是增进智慧、实现志向的重要方式,二者有机统一,相互促进,共同成就。

习近平指出:"青年人正处于学习的黄金时期,应该把学习作为首要任务,作为一种责任、一种精神追求、一种生活方式,树立梦想从学习开始、事业靠本领成就的观念,让勤奋学习成为青春远航的动力,让增长本领成为青春搏击的能量。"⑤学习是通往智慧的桥梁,通过学习,能够引导人们坚定理想信念,提高认识世界和改造世界的能力。好学才能上进,实现人生志向也需要一定学力。思想政治教育就是要指引人们立鸿鹄志,做奋斗者,将个人志向融入实现中华民族复兴的伟大事业之中,勤学苦练,造就真本领。特别是要引导广大青年学生,肩负时代重任,更应珍惜宝贵时光,不负青春,不负

① 《论语·公冶长》。

② 《论语·八佾》。

③ 《论语·泰伯》。

④ 《论语·雍也》。

⑤ 《习近平关于青少年和共青团工作论述摘编》,北京:中央文献出版社,2017 年,第 45 页。

韶华,不负时代。树立正确的求知动机,向孔子看齐,践行好学不倦,学而不厌的求知精神。

(三)乐以忘忧:有利于培育乐观的人生态度

积极乐观的人生态度是克服困难、战胜挫折的强大精神力量。《论语》一书中用不少笔墨记载了孔子及其弟子的快乐观。孔子是乐观主义者,他乐观的人生态度首先体现在面对贫困窘境时的贫而乐。孔子说:"饭疏食饮水,曲肱而枕之,乐亦在其中矣。不义而富且贵,于我如浮云。"①虽然条件艰苦,但夫子坚守自我,因为"从吾所好",所以乐在其中。他的弟子颜回也是乐观主义者,孔子赞誉他:"贤哉,回也! 一箪食,一瓢饮,在陋巷,人不堪其忧,回也不改其乐。"②并强调"君子居之,何陋之有! "③他们认为快乐和贫富并非对等。这说明孔子、颜回之乐不是来自生活富足、衣食无忧,而是源自"从吾所好"的快乐,即对仁道的追求。因此,儒家乐观的人生态度也体现于不得志,独行其道的豁达。为推行仁政德治的政治主张,孔子与弟子周游列国十数年。无奈生不逢时,当时儒家所提倡的仁政思想难以践行。在周游列国之旅中,孔子一行人遭受了诸多磨难,其中最危险的当属"陈蔡之厄"。"在陈绝粮,从者病,莫能兴。子路愠,见曰:'君子亦有穷乎? '子曰:'君子固穷,小人穷斯滥矣。'"④受困于陈蔡,孔子一行不久就断炊了,一些弟子也相继病倒了。穷途末路之际,孔子依然固守内心操守,他说:"岁寒,然后知松柏之后凋也。"⑤凭借追寻天下大道的信念,十数载列国之旅,虽然道路坎坷,历经曲折,但目标清晰坚定,这正是孔子、颜回乐处的源头——对仁道的坚守,从吾

---

① 《论语·述而》。
② 《论语·雍也》。
③ 《论语·子罕》。
④ 《论语·卫灵公》。
⑤ 《论语·子罕》。

所好而乐以忘忧。而在政治上的不得志并没有使孔子放弃传道的使命,结束列国之旅后,他回到了鲁国,带着更加宽阔的眼界和豁达的胸怀着手于古籍的整理和修订,为后世留下了一笔笔宝贵财富,影响深远。

孔子、颜回之乐启示我们,乐不在外求,而在于内求。面对一时的困难,不应怨天尤人、自暴自弃,而应坚守内心的操守和本分,以乐观的精神和顽强的意志去勇敢战胜它,从而寻求心理长久安定的快乐。儒家乐以忘忧的思想对于当代人们树立正确的快乐观仍然具有积极的指导意义。帮助人们培育乐观的人生态度是思想政治教育的重要任务,一个人有了乐观积极的人生态度,就能勇敢面对人生的困难与考验,就能积极进取,不断追求进步。思想政治教育就是要引导人们形成积极乐观的精神状态,培育健康积极的美好人格,充分发挥教育的正向引导作用。

(四)尽善尽美:有利于培育崇高的审美趣味

对美的追求,是人类的本能。马克思说:"社会的进步就是人类对美的追求的结晶",可见,人类社会发展的历史就是不断追求美的历史。审美趣味是个体欣赏、鉴别善恶美丑的审美态度和能力,培育崇高的审美趣味是进行审美教育的重要任务。《论语》中体现的审美文化对中华民族产生了深远而持久的影响,从孔子对韶乐的审美中,可以将其审美趣味概括为两重境界:一是感官型审美的第一阶梯,即通过艺术形式诉诸原始本能的感官愉快,与审美对象相关只涉及美的形式,可以使人感到愉快,起悦耳悦目之效。《论语·述而》中提道:"子在齐闻《韶》,三月不知肉味。曰:'不图为乐之至于斯也!'"[1]夫子在齐学习韶乐,整个人都沉浸在音乐世界里,以至于忘记了肉味。然而单纯从感官形式带来的愉悦来理解儒家的审美趣味未免片面,不得精髓。故

---

[1] 《论语·述而》。

第二阶梯为美善合一的审美境界：孔子欣赏韶乐不单单是停留在对其艺术形式的简单感知，更是上升至对韶乐实质的精神共鸣。夫子之所以对《韶》如此痴迷，是因为他认为"《韶》，尽美矣，又尽善也；谓《武》，尽美矣，未尽善也"①，《韶》是尧舜时期的音乐，而《武》则是周武王时的音乐，表面上孔子是对《韶》和《武》两种艺术形式作比较，然则实际上是对乐是否合乎仁德的审美价值判断。这表明儒家的审美趣味追求的是美善合一的标准，是建立在道德修养基础上的审美心理，它超越了艺术境界，指向更加开阔的人生道德境界。

在孔子的教育实践中，十分注重审美教育，以培育弟子高尚的审美趣味和健全人格，尤其是通过诗教和乐教。在教化和养成的意义上，诗有助于抒情言志："诗三百，一言以蔽之，曰：'思无邪。'"②认为诗用一句话概括就是思想纯正。乐有助于陶冶性情，修身养性，子曰："兴于诗，立于礼，成于乐。"③刘宝楠在《论语正义》注："乐以成性，故能成其性，成性亦修身也。"④从这个意义上讲，诗和乐是道德手段，但又超越了道德，二者都有利于培育个体崇高的审美情趣，完善人格。促进人的全面发展是思想政治教育的主要任务，"人的全面发展具有丰富而深刻的内涵，主要包括：思想道德素质、科学文化素质、心理健康素质、审美艺术素质和劳动技能素质。"⑤审美艺术教育关乎个体健康心灵和精神的培育，培育崇高的审美趣味，促进人的全面发展是思想政治教育的根本目标。习近平指出："要结合新的时代条件传承和弘扬中华优秀传统文化，传承和弘扬中华美学精神。"⑥因此，立足当下实际，进一步深

① 《论语·八佾》。

② 《论语·为政》。

③ 《论语·八佾》。

④ 《论语正义》。

⑤ 《思想政治教育学原理》编写组：《思想政治教育学原理》(第2版)，北京：高等教育出版社，2018年。

⑥ 《坚持以人民为中心的创作导向　创作更多无愧于时代的优秀作品》，《人民日报》，2014年10月16日。

入挖掘《论语》中蕴含的美学精神,对于提高个体的审美趣味,激发人们对真善美的热爱向往,对低俗丑恶的自觉抵制,健全人格,促进人的全面发展有着十分重要的意义。

二、儒家文化经典的社会思想政治教育价值

虽然所谓宋人赵普"半部论语治天下"的说法略显刻意夸张,但这句话广为流传,也在一定程度上反映了《论语》对社会发展和国家治理具有不小启示。"从历史的角度看,包括儒家思想在内的中国传统思想文化中的优秀成分,对中华文明形成并延续发展几千年而从未中断,对形成和维护中国团结统一的政治局面,对形成和巩固中国多民族和合一体的大家庭,对形成和丰富中华民族精神,对激励中华儿女维护民族独立、反抗外来侵略,对推动中国社会发展进步、促进中国社会利益和社会关系平衡,都发挥了十分重要的作用。"[①]在实现第一个百年奋斗目标,向着第二个百年奋斗目标进军的关键时期,全面建设社会主义现代化国家新征程,我们可以从《论语》中汲取智慧。

(一)为政以德:有利于推进国家治理现代化

习近平指出:"一个国家的治理体系和治理能力是与这个国家的历史传承和文化传统密切相关的。解决中国的问题只能在中国大地上探寻适合自己的道路和方法。"[②]推进国家治理现代化,我们要从中华民族悠久历史和优

---

① 习近平:《在纪念孔子诞辰 2565 周年国际学术研讨会暨国际儒学联合会第五届会员大会开幕会上的讲话》,《人民日报》,2014 年 9 月 25 日。

② 《牢记历史经验历史教训历史警示　为国家治理能力现代化提供有益借鉴》,《人民日报》,2014 年 10 月 14 日。

秀文化中寻找智慧。为政以德的思想源远流长,是儒家仁爱思想在政治领域中的运用。孔子说:"为政以德,譬如北辰,居其所而众星共之。"①北极星居于一定方位,而群星都环绕于它周围,用以比喻为政者若能以德治理国家就能直达民心,使民向之。并进一步强调:"政者,正也。子帅以正,孰敢不正。"②孔子认为为政者要率先垂范,以身作则,把这作为为政之德。作为思想政治教育的重点对象,必须抓好为政者的德行修养,各级领导干部要做明大德、守公德、严私德的模范,以德治国,充分吸收中华优秀传统文化中蕴含的修身养性因素涵养自身,上行下效,以自身德行引导民众,实现从改造个人入手达致改造整个社会的目标。"王霸之辩"一直都是中国思想史上的重要论题,在社会动荡、为政者残暴统治的春秋末年,孔子比较了两种不同的治国方式,二者导向了不同的结果:"道之以政,齐之以刑,民免而无耻;道之以德,齐之以礼,有耻且格。"③以政令治国,百姓为暂时逃避刑罚,只能迫于权威,但内心并无自觉的羞耻心;而以德治国、以礼规范,百姓方能心悦诚服,拥有内心自觉的羞耻心。

道德作为衡量是非善恶的内在准则,能够规范人们的思想行为、维护有序的和谐社会。然而有效的国家治理既离不开道德规范,也离不开法律法规,而是需要二者的辩证统一,让人们头顶有法律,心中有道德。德润人心,法安天下。在推进国家治理现代化的进程中,既要注重道德的内在调节作用,也要发挥法律的外在约束作用,使之相互补充、相辅相成,共同构成国家治理现代化的基础。尤其是要发挥中优秀传统文化的重要作用,以文化人,德润人心。"中国共产党人是马克思主义者,坚持马克思主义的科学学说,坚持和发展中国特色社会主义,但中国共产党人不是历史虚无主义者,也不是

---

① 《论语·为政》。

② 《论语·颜渊》。

③ 《论语·为政》。

文化虚无主义者。我们从来认为，马克思主义基本原理必须同中国具体实际紧密结合起来，应该科学对待民族传统文化，科学对待世界各国文化，用人类创造的一切优秀思想文化成果武装自己。在带领中国人民进行革命、建设、改革的长期历史实践中，中国共产党人始终是中国优秀传统文化的忠实继承者和弘扬者，从孔夫子到孙中山，我们都注意汲取其中积极的养分。"①为政以德和加快法治建设是推进国家治理现代化的内在要求。思想政治教育就是要在全社会范围内广泛开展道德教育、民主法治教育，这是思想政治教育的重要内容，也是思想政治教育者所肩负的重要使命，提升全社会道德水准和民主法治素养，形成良好的社会道德和法治风尚，从而不断推进国家治理现代化。

（二）为国以礼：有利于保障人民权益

"礼者，天地之序也。"②孔子遵循周礼，提倡为国以礼，这也是儒家政治思想的重要内容。他强调："不学礼，无以立。"③认为礼是个体的立身之本，不学礼，一个人便无法立足社会。一方面，礼具有指导作用，"礼者，人之所履，夙兴夜寐，以成人伦之序"④。礼是引导和规范人们在社会活动中按照各自身份所遵循的相应的行为准则，只有按照礼仪规矩行事，才能使社会得以良性运转，形成和谐有序的社会秩序，进而保障人民权益的实现。另一方面，礼具有积极主动的力量，克己复礼，操之在己，能够使人们自觉对规章制度内化于心，从而依礼而行，做到"非礼勿视，非礼勿听，非礼勿言，非礼勿动"⑤。行

---

① 习近平：《在纪念孔子诞辰 2565 周年国际学术研讨会暨国际儒学联合会第五届会员大会开幕会上的讲话》，《人民日报》，2014 年 9 月 25 日。

② 《礼记·乐记》。

③ 《论语·季氏》。

④ 《素书·原始》。

⑤ 《论语·颜渊》。

为举止合乎礼的规范。礼在国家治理中同样具有十分重要的作用,礼属于道德范畴,贯穿社会生活的每一个角落,渗透到国家治理的方方面面。孔子说:"能以礼让为国乎,何有? 不能以礼让为国,如礼何? "①认为如果不能以礼让治理国家,要礼有什么用呢? "道千乘之国,敬事而信,节用而爱人,使民以时。"②他认为,治理国家是神圣而威严的事情,必须采取严肃的态度,做到为国以礼,对待人民更要心存敬意,认真对待。坚持一切为了人民、一切依靠人民,从群众中来、到群众中去,始终保持同人民群众的血肉联系,始终接受人民批评和监督,始终同人民同呼吸、共命运、心连心。从这个意义上讲,以礼治国,上至官员则一心为国,亲民爱民;下至人民则有章可循,和谐共处。

中华民族自古以来就以"礼仪之邦"著称于世。为国以礼是保障人民权益,建设和谐社会的重要支撑。然而在治国理政的实践中,应注意防止礼流于形式,"礼之用,和为贵"③,若一味强调礼的形式性,就会割裂礼的精神性。"人而不仁,如礼何? "④仁为礼之本,礼为仁之用。礼的精神实质是仁,孔子引仁入礼,将二者有机结合。这也启示我们以礼治国,保障人民权益就要努力避免各种形式主义,各项制度规范既要体现科学性,也要突出关怀性,应导民之行、解民之忧、为民着想,将保障人民群众的权益落实于切实的工作之中。礼充分彰显了中华民族优良传统的价值内涵,是中华优秀传统文化的重要组成部分。而进行中华优良传统教育也是思想政治教育的重要内容,有助于全社会形成重礼仪、讲文明的良好风尚,思想政治教育应积极汲取《论语》中蕴含的礼文化智慧。

---

① 《论语·里仁》。

② 《论语·学而》。

③ 《论语·学而》。

④ 《论语·八佾》。

（三）既富而教：有利于繁荣社会主义文化

"子适卫，冉有仆。子曰：'庶矣哉！'冉有曰：'既庶矣，又何加焉？'曰：'富之。'曰：'既富矣，又和何加焉？'曰：'教之。'"[1]在与冉有的对话中体现了孔子既富而教的思想，他认为一个国家在经济发展的基础上也应当注重社会教化、加强人民思想道德建设，这与马克思主义物质文明和精神文明协调发展的观点不谋而合。而他所提倡的富民、教民思想，对于全面建设社会主义现代化国家、繁荣社会主义文化同样具有十分重要的启示。回顾历史，改革开放后我国确立社会主义市场经济体制，生产力得到空前解放，物质文明得到极大发展，人民生活水平也实现了质的飞跃，然而随之而来的各种社会问题接踵而至：道德滑坡、信用危机、金钱至上等不胜枚举。国家强盛、人民幸福既要依赖于物质生活的进步，也离不开文化的繁荣和精神生活的富足。基于此，邓小平多次强调物质文明和精神文明"两手抓、两手都要硬"；习近平指出："中国式现代化是物质文明和精神文明相协调的现代化。"从这个意义上讲，全面建设社会主义现代化强国、推进中国式现代化，不能只有物质文明遍地开花，还要有精神文明处处生花。全面提升社会精神文明水准，为物质文明建设提供源源不断的精神动力。

习近平指出："文化是一个国家、一个民族的灵魂。文化兴国运兴，文化强民族强。没有高度的文化自信，没有文化的繁荣兴盛，就没有中华民族伟大复兴。"[2]中华优秀传统文化是中华民族独特的精神标识，是中国特色社会主义文化的根基。《论语》作为中华优秀文化经典之一，其中所主张崇仁爱、重民本、守诚信、尚和合、求大同等传统思想理念是繁荣社会主义先进文化、

---

① 《论语·子张》。
② 习近平：《决胜全面建成小康社会 夺取新时代中国特色社会主义伟大胜利——在中国共产党第十九次全国代表大会上的报告》，北京：人民出版社，2017年，第40~41页。

建设文化强国的精神土壤。思想政治教育对文化具有传承、发展及创新功能，能够通过先进思想文化和价值观念对人进行教育，提升人的思想觉悟和文化素养。《论语》蕴含的丰富思想精华对于促进社会主义精神文明建设、繁荣社会主义文化具有重要价值，新时代做好思想政治工作应当积极挖掘其中蕴含的思想文化价值，并结合当代社会发展的特点不断推动《论语》创造性转化和创新性发展，赋予古老典籍新时代的内涵和表现形式，以思想精华涵养国民，更好构筑中国人民共同的精神家园。

（四）和而不同：有利于构建人类命运共同体

习近平指出："世界上一些有识之士认为，包括儒家思想在内的中国优秀传统文化中蕴藏着解决当代人类面临的难题的重要启示，比如，关于道法自然、天人合一的思想，关于天下为公、大同世界的思想，关于自强不息、厚德载物的思想，关于以民为本、安民富民乐民的思想，关于为政以德、政者正也的思想，关于苟日新日日新又日新、革故鼎新、与时俱进的思想，关于脚踏实地、实事求是的思想，关于经世致用、知行合一、躬行实践的思想，关于集思广益、博施众利、群策群力的思想，关于仁者爱人、以德立人的思想，关于以诚待人、讲信修睦的思想，关于清廉从政、勤勉奉公的思想，关于俭约自守、力戒奢华的思想，关于中和、泰和、求同存异、和而不同、和谐相处的思想，关于安不忘危、存不忘亡、治不忘乱、居安思危的思想，等等。"[1]《论语》中的许多思想对于构建人类命运共同体具有重要启发价值。儒家一直推行"尚和"的思想，"和"是中华文化的精髓之一。孔子认为君子讲究和谐共处之道，反对无原则的苟同，因此"和而不同"是在持守一定原则基础上的和谐；而小人则是盲从附和，实则不和。当前，随着世界各国的联系日益紧密，人类社会

---

[1]　习近平：《在纪念孔子诞辰 2565 周年国际学术研讨会暨国际儒学联合会第五届会员大会开幕会上的讲话》，《人民日报》，2014 年 9 月 25 日。

政治、经济、文化、生态等各方面所面临的难题也日益增多，如何破解这些问题关系到世界各国的前途命运和人类社会的可持续发展。

党的十八大以来，面对建设一个怎样的世界，如何建设世界，习近平总书记提出构建人类命运共同体的理念。主张每个民族、每个国家的前途命运都紧紧联系在一起，应该风雨同舟，荣辱与共，推动世界和平发展、合作共赢。构建人类命运共同体的理念与"和而不同"的思想有着深刻的内在联系，"和而不同"既是中华民族的文化基因，也是构建人类命运共同体的文化底蕴。由于历史文化、发展道路和治理模式的不同，世界各国的差异是客观存在的，正是这些差异形成了多姿多彩的世界，丰富了世界文明。作为地球村的一员，我们应正视这些差异性，携手共进去创造一个包容互鉴、共同发展的未来。历史已经充分证明，中华文化的发展进步，中华民族的繁荣昌盛，正在于坚守和而不同的价值理念，"和而不同"也早已成为我们处理国家关系和文明交流对话的重要准则。推动构建人类命运共同体为世界各国和人类社会的可持续发展提供了一个全新的视角和可行的方案，是"和而不同"的中国智慧和中国价值观在当今世界的具体展示。

诺贝尔物理学奖得主阿尔文博士曾说："人类想要继续生存下去，必须回首两千五百多年前，从中国的孔子那里汲取智慧。"世界各国人民命运与共，各个国家、大洲和不同文化之间需要共存，推动构建人类命运共同体意蕴深远。"文明因交流而多彩，文明因互鉴而丰富。任何一种文明，不管它产生于哪个国家、哪个民族的社会土壤之中，都是流动的、开放的。这是文明传播和发展的一条重要规律。在长期演化过程中，中华文明从与其他文明的交流中获得了丰富营养，也为人类文明进步作出了重要贡献。丝绸之路的开辟，遣隋遣唐使大批来华，法显、玄奘西行取经，郑和七下远洋，等等，都是中外文明交流互鉴的生动事例。儒学本是中国的学问，但也早已走向世界，成为人类文明的一部分。"①中国是构建人类命运共同体的最初倡导者和积极践行者,孔子说:"德不孤,必有邻。"②各国理应同舟共济,而不是以邻为壑,通过合作共赢建设一个共同繁荣的美好世界。当然,"勺子和碗总有碰到的时候",也应看到在现实国际交往、文化交流中不可避免存在着一些现实问题。"爱好和平的文化基因是优秀传统文化的精华理念,对今天处理国际关系,构建人类命运共同体依然起着重要作用。"③同行者,不以山海为远。

中华民族一直以来都是和平的爱好者,传承了孔子"和而不同"的思想,兼容并包,尊重不同国家和民族的历史文化、发展道路、治理模式,持守"己所不欲,勿施于人"这样一种观念,坚持同世界各国和平共处。相信只要秉持"和而不同""己所不欲,勿施于人"的价值理念,以合作共赢,相互尊重的态度和方式对待各国,人类社会所面临的一些棘手问题将会得到有效解决。"在 21 世纪的今天,几千年来人类积累的一切理性知识和实践知识依然是人类创造性前进的重要基础。只有不断发掘和利用人类创造的一切优秀思想文化和丰富知识,我们才能更好认识世界、认识社会、认识自己,才能更好开创人类社会的未来。"④继承儒家思想,挖掘和利用《论语》这一中华优秀传统文化的精华,必将有利于构建一个繁荣美丽的世界。

三、儒家文化经典思想政治教育价值的实现路径

著名历史学家钱穆说:"今天的中国读书人,应负两大责任。一是自己读

---

①　习近平:《在纪念孔子诞辰 2565 周年国际学术研讨会暨国际儒学联合会第五届会员大会开幕会上的讲话》,《人民日报》,2014 年 9 月 25 日。

②　《论语·里仁》。

③　冯刚、鲁力:《习近平关于中华优秀传统文化重要论述的理论蕴涵》,《湖南大学学报》(社会科学版),2022 年第 1 期。

④　习近平:《在纪念孔子诞辰 2565 周年国际学术研讨会暨国际儒学联合会第五届会员大会开幕会上的讲话》,《人民日报》,2014 年 9 月 25 日。

论语,一是劝人读论语。"①要实现《论语》的思想政治教育价值,就必须探索有效路径:深化理论研究,挖掘阐释《论语》的思想精华;加强教育引导,深入推动《论语》的教育传承;加大宣传力度,扩大提升《论语》的当代影响。

(一)深化理论研究,挖掘阐释《论语》的思想精华

"一个国家的发展水平,既取决于自然科学发展水平,也取决于哲学社会科学发展水平。一个没有发达的自然科学的国家不可能走在世界前列,一个没有繁荣的哲学社会科学的国家也不可能走在世界前列。坚持和发展中国特色社会主义,需要不断在实践和理论上进行探索、用发展着的理论指导发展着的实践。在这个过程中,哲学社会科学具有不可替代的重要地位,哲学社会科学工作者具有不可替代的重要作用。"②深化理论研究的目的在于着眼于现实。《论语》成书已有 2000 多年历史,对中华民族影响深远。然而由于成书年代久远,今天的人们理解起来会有困难,为了更加适应现实发展的需要,更好实现《论语》的思想政治教育价值,我们应深化理论研究,进一步挖掘阐释《论语》的思想精华和思想政治教育价值。

一是把握好古为今用的原则,在继承中创新。"文化是一个国家、一个民族的灵魂。历史和现实都表明,一个抛弃了或者背叛了自己历史文化的民族,不仅不可能发展起来,而且很可能上演一幕幕历史悲剧。文化自信,是更基础、更广泛、更深厚的自信,是更基本、更深沉、更持久的力量。坚定文化自信,是事关国运兴衰、事关文化安全、事关民族精神独立性的大问题。"③《论语》是儒家最重要的经典之一,也是了解儒家思想和中国传统文化最基本的经典。虽然时代条件早已不同,但《论语》中的精神早已沉淀于中华民族的血

---

① 钱穆:《孔子与论语》,长沙:岳麓书社,2020 年,第 54 页。

② 习近平:《论党的宣传思想工作》,北京:中央文献出版社,2020 年,第 213 页。

③ 《习近平关于社会主义文化建设论述摘编》,北京:中央文献出版社,2017 年,第 16 页。

液里。在继承中创新,以具有新时代特色的方式重新解读《论语》,寻找《论语》中的时代智慧,古为今用,将古代智慧与时代精神结合起来。深化理论研究,挖掘阐释《论语》的思想精华:要坚持古为今用的原则,把握时代大势,立足当代实际。取其精华、去其糟粕,在鉴别、扬弃的基础上,使《论语》焕发出新时代思想光芒,更好满足人民精神需要和促进社会发展的要求。并不断扩展研究广度和深度,推动《论语》的理论研究取得新突破、获得新进展,为思想政治教育传承中华优秀传统文化提供更加强有力的理论支撑。

二是激活传统的现代生命,在实践中发展。"研究孔子、研究儒学,是认识中国人的民族特性、认识当今中国人精神世界历史来由的一个重要途径。春秋战国时期,儒家和法家、道家、墨家、农家、兵家等各个思想流派相互切磋、相互激荡,形成了百家争鸣的文化大观,丰富了当时中国人的精神世界。虽然后来儒家思想在中国思想文化领域长期取得了主导地位,但中国思想文化依然是多向多元发展的。这些思想文化体现着中华民族世世代代在生产生活中形成和传承的世界观、人生观、价值观、审美观等,其中最核心的内容已经成为中华民族最基本的文化基因。这些最基本的文化基因,是中华民族和中国人民在修齐治平、尊时守位、知常达变、开物成务、建功立业过程中逐渐形成的有别于其他民族的独特标识。"[①]站在新的历史起点,现时代的任务就是举国之力全面建成社会主义现代化国家,实现中华民族伟大复兴中国梦。伟大梦想的前途无上光明,但前进的道路不可能一帆风顺。《论语》承载的古圣先贤智慧,既可以实行于现实生活实践之中,对于实现民族复兴也具有精神和方法论层面上的指引。激活《论语》的现代生命,要坚持以马克思主义为指导,把握时代脉搏,承担时代使命,回应时代课题,深入挖掘阐释出《论语》中蕴含的更多具有影响力的思想精华。同时积极推动传统文化的创

---

① 习近平:《在纪念孔子诞辰 2565 周年国际学术研讨会暨国际儒学联合会第五届会员大会开幕会上的讲话》,《人民日报》,2014 年 9 月 25 日。

造性转化和创新性发展,赋予其当代特点,加快《论语》向时代化、大众化转化的步伐,使其更加适应和促进当代社会发展的要求,不断回应和满足人们提升道德素养、思想境界的需求。

三是将《论语》的思想精髓与马克思主义的精华结合起来。对《论语》进行研究必须以马克思主义为指导。"我国哲学社会科学坚持以马克思主义为指导,是近代以来我国发展历程赋予的规定性和必然性。在我国,不坚持以马克思主义为指导,哲学社会科学就会失去灵魂、迷失方向,最终也不能发挥应有作用。"[①]《论语》作为儒家经典之一,与《大学》《中庸》和《孟子》,并称为"四书",是儒家传道授业的基本教材。孔子述而不作,整理和编订了《诗》《书》《礼》《易》《乐》《春秋》六经,《乐》在历史发展中失传后,由其他"五经"和"四书"共同构成了不朽的儒家经典。"四书""五经"在哲学思想、伦理道德以及政治主张等方面皆一脉相承。基于马克思主义关于系统论的观点,不同要素之间存在着相互作用。因此,我们应坚持整体性原则,从系统方法的整体性来研究儒家经典的基本理论是十分必要的。同时,理论的生命力在于服务于实践,实践没有止境,理论创新也永无止境。党的二十大报告指出:"中华优秀传统文化源远流长、博大精深,是中华文明的智慧结晶,其中蕴含的天下为公、民为邦本、为政以德、革故鼎新、任人唯贤、天人合一、自强不息、厚德载物、讲信修睦、亲仁善邻等,是中国人民在长期生产生活中积累的宇宙观、天下观、社会观、道德观的重要体现,同科学社会主义价值观主张具有高度契合性。我们必须坚定历史自信、文化自信,坚持古为今用、推陈出新,把马克思主义思想精髓同中华优秀传统文化精华贯通起来、同人民群众日用而不觉的共同价值观念融通起来,不断赋予科学理论鲜明的中国特色,不断夯实马克思主义中国化时代化的历史基础和群众基础,让马克思主义在中

---

① 习近平:《论党的宣传思想工作》,北京:中央文献出版社,2020年,第220页。

国牢牢扎根。"①在对传统文化结合现代特点基础上进行创新,毛泽东的做法值得我们学习,以《毛泽东选集》四卷为例,他在各篇文章中就多次引用《论语》,赋予其新的含义,说明新出现的问题,极大激活了《论语》的生命力。《论语》的思想精髓与马克思主义精华相结合,不但激活了《论语》的生命力,而且也促进了马克思主义的中国化时代化。

(二)加强教育引导,深入推动《论语》的教育传承

文化是一个国家发展,民族进步的重要精神力量,优秀传统文化是中华民族经过几千年沉淀的文化精华,是中华民族的"根"和"魂"。《论语》并非昨日黄花,在浩如烟海的文化古籍中,《论语》带着古老中国的智慧,传承数千年,在历史尘埃中熠熠生辉。《论语》的传承,是儒家思想不断回应时代,自我探索、自我革新的历程。传承好《论语》上至国家而言,能够为建设社会主义先进文化提供精神指引、为实现中华民族伟大复兴提供精神动力;而对于个人来说,学习《论语》,能以儒家精神激励自我,涵养自身,提升个体精神境界。教育是传承文化的重要途径,教育在传承《论语》承担着不可推卸的责任。要通过强化家庭、学校和社会各界的作用,从而构建起当代《论语》教育传承体系,使《论语》生生不息,薪火相传,绽放新时代光芒。

一是强化家庭教育在传承《论语》中的作用。习近平指出:"家庭是人生的第一个课堂,父母是孩子的第一任老师。孩子们从牙牙学语起就开始接受家教,有什么样的家教,就有什么样的人。家庭教育涉及很多方面,但最重要的是品德教育,是如何做人的教育。"②家庭教育往往先于学校教育和社会教育,是个体一生接受教育的起点。良好的家教家风对于个体的成长至关重

---

① 习近平:《高举中国特色社会主义伟大旗帜 为全面建设社会主义现代化国家而团结奋斗》,《人民日报》,2022年10月26日。

② 《习近平关于注重家庭家教家风建设论述摘编》,北京:中央文献出版社,2021年,第18页。

要;父母是人生的第一个老师,孩子从小便接受父母的影响,学习他们的言行举止,在父母的熏陶下确立自己的远大志向。因此,家庭教育需将为人处世、立德修身放在第一位;父母需以身作则,做孩子"明大德、守公德、严私德"的榜样。家庭教育也是传承中华优秀传统文化的主要途径之一,具有渗透性和持久性的特点,既能够将传承中华优秀传统文化融入日常生活的各个方面,也能够将传承中华优秀传统文化的影响在一个家庭中延续下去,具有其他教育途径不可比拟的优越性。《论语》被誉为万世之书,可谓经典之经典,短短字句间饱含深刻的哲理,充分彰显了中华传统美德,对成人和孩子都提供了强大的精神指引。通过强化家庭教育传承《论语》的作用,能够指引成人修身养性、引导孩子在日常生活中践行美德,砥砺人格、促进家庭幸福和社会和谐。

二是强化学校教育在传承《论语》中的作用。立德树人是新时代教育的根本任务。学校是育人的主阵地,是年轻一代成长的摇篮,承担着传播中华优秀传统文化的重要使命。习近平指出:"学校具有集中式、系统化、持续性进行中华优秀传统文化教育的独特优势,要把中华优秀传统文化教育作为固本铸魂的基础工程,贯穿人才培养全过程。要深入挖掘和阐发中华优秀传统文化中讲仁爱、重民本、守诚信、崇正义、尚和合、求大同的时代价值,转化为学生价值观教育的丰富营养,积淀学生文化底蕴,提升学生文化素养。要在提炼、转化、融合上下功夫,让收藏在馆所里的文物、陈列在大地上的遗产、书写在古籍里的文字成为教书育人的丰厚资源,让学生在底蕴深厚的课程教材中、在参观名胜古迹的亲身体验中,了解中华文化变迁,触摸中华文化脉络,感受中华文化魅力,汲取中华文化精髓,让中华优秀传统文化基因一代代传承下去。"①首先,学校教育要积极响应国家号召,提升对优秀传统

① 习近平:《论党的宣传思想工作》,北京:中央文献出版社,2020年,第347页。

文化及典籍的重视程度。其次,加强各学段之间的有效衔接,构建大中小幼一体化中华优秀传统文化课程建设,从娃娃抓起,引导受教育者将学习成果转化为日用而不觉的实际行动。再次,提升教育者文化水平,特别是传统文化素养。最后,改进教育教学的形式方法,充分利用现代科技成果。此外,大多数年轻人对《论语》的认识是从教科书和课堂上开始的,也应加强对各科教材的补充与完善,探索将《论语》更好融入学校课堂的有效方法。

三是强化社会教育在传承《论语》中的作用。深入推动《论语》的教育传承离不开社会各界的广泛参与和支持。要在全社会的宣传思想工作中加强对于中华优秀传统文化的宣传教育。"要讲清楚中华优秀传统文化的历史渊源、发展脉络、基本走向,讲清楚中华文化的独特创造、价值理念、鲜明特色,增强文化自信和价值观自信。要认真汲取中华优秀传统文化的思想精华和道德精髓,大力弘扬以爱国主义为核心的民族精神和以改革创新为核心的时代精神,深入挖掘和阐发中华优秀传统文化讲仁爱、重民本、守诚信、崇正义、尚和合、求大同的时代价值,使中华优秀传统文化成为涵养社会主义核心价值观的重要源泉。"[1]首先,政府要发挥好引导作用,引导全社会都来学习和宣传《论语》中包含的宝贵人文精神和价值理念。其次,学界、理论界要加强理论研究与创新。再次,基层单位要提升传承意识,将各项工作落于实处。最后,新闻舆论界要充分利用全媒体进行有效教育传播,特别是发挥好新媒体的作用。通过整合全社会范围内的教育资源,形成教育合力,营造学习传承《论语》的良好氛围,构建系统的教育传承机制,让全社会都能接受潜移默化的影响,由此提高整个社会的道德水准和文明程度。

---

① 习近平:《论党的宣传思想工作》,北京:中央文献出版社,2020 年,第 56 页。

（三）加大宣传力度，扩大提升《论语》的当代影响

优秀传统文化经典承载着中华文化的思想精华和中华民族的价值理念，《论语》泽被后世，对中国乃至世界都产生了重大影响。历史总是在回望中意味深长，数千年中华文明演进，历尽沧桑，儒家思想经久不衰，早已成为国人的精神象征，其价值理念也早已融入民族基因之中。除此之外，《论语》在世界范围内广泛传播，带着中国古代的思想和智慧周游世界，对亚洲国家产生了广泛而深刻的影响，特别是东亚和东南亚地区，形成了覆盖东亚及东南亚部分地区的文化区域——儒家文化圈。并且，《论语》对 18 世纪欧洲启蒙运动也有过思想启发。这些思想早已走向了世界，是人类文明的重要组成部分，在未来也必将发挥更大作用，但应看到当代在对《论语》的宣传中存在的一些有待进一步加强和改进的地方。加大宣传力度，扩大提升《论语》的当代影响具有重要现实意义。

一是加强宣传能力，立足当代实际。随着现代科学技术的发展，当今传播手段和方式发生了很大变化。面对变化发展的新情况，应立足当代实际，加强宣传能力。一方面，充分利用多媒介，拓展《论语》的宣传途径和方式。媒介的演化对信息和文化的传播具有重要影响，并且不同媒介具有不同的特点。在如今的多媒介时代，影像已经成为主导的媒介形式，以影视为主导的多媒介的发展使信息文化的传播方式呈现出多样化趋势。2021 年 2 月，一部综艺片——《典籍里的中国》，进入了人们视野并火速"出圈"，频繁登上微博热搜，被评价为一档现象级的文化类节目，其中《论语》被选入其中，走进了大屏幕。这部综艺以影像化、戏剧化的形式和古今对照的方式呈现，在《论语》一集中生动演绎了孔子及其弟子一行人 14 年的周游列国之旅，深刻引发了广大观众的共情共鸣，对于引导受众增强对中华优秀传统文化的认同，坚定文化自信具有很大的意义。节目生动展现了中华传统文化典籍的智慧

和魅力,为《论语》及其他优秀传统经典的宣传提供了可供操作的现实参考。我们要积极推动中华优秀传统经典的多元媒介展示,通过多元媒介不断创作《论语》的相关内容,拓展《论语》的宣传渠道和方式。另一方面,打造《论语》中的人物形象IP,拉近与受众的距离。孔子是儒家文化的集大成者,代表着儒家文化的形象,而《论语》记载了孔子及其弟子的言行,可谓群像文本。IP即知识产权,在互联网领域引申为成名文创作品的总称,具有内容价值、传播价值及产业价值,是以文化和情感为内核的品牌,能够打动受众内心深处的情感共鸣点,也可以将略显单薄、晦涩的文本和古老的历史人物变得形象生动。打造《论语》中的人物IP形象,既要坚持历史性与现实性相结合的原则,尊重历史,真实还原孔子及其弟子的样貌,并结合时代特点和课题,观照现实问题,赋予人物形象IP以新的内涵;也应坚持价值性与趣味性相统一的原则,讲述《论语》的精神内核和思想价值,同时要以富有感染性和吸引力的形式赢得受众的喜爱。

二是加强人才培养,壮大宣传队伍。人才是第一资源。宣传《论语》需要打造一支强大的人才队伍,包括理论研究人才、内容创作人才、技术创新人才以及新媒体传播人才等,不断扩大人才队伍,增强人才素质,提高人才效能,建强适应当代《论语》宣传需要的专业人才队伍。同时,宣传《论语》需要做好人才培养工作,青年一代是中国特色社会主义事业的建设者和接班人,青年人在各条战线上都要发挥生力军的作用,要积极培养青年一代,让更多的年轻人热爱、投身中华优秀传统文化的传承事业中。同时,广大哲学社会科学工作者要勇于承担责任。"广大哲学社会科学工作者要树立良好学术道德,自觉遵守学术规范,讲究博学、审问、慎思、明辨、笃行,崇尚'士以弘道'的价值追求,真正把做人、做事、做学问统一起来。要有'板凳要坐十年冷,文章不写一句空'的执着坚守,耐得住寂寞,经得起诱惑,守得住底线,立志做大学问、做真学问。要把社会责任放在首位,严肃对待学术研究的社会效果,自觉践行社会主义核心价值观,做真善美的追求者和传播者,以深厚的学识修养赢得尊重,以高尚的人格魅力引领风气,在为祖国、为人民立德立言中成就自我、实现价值。"①

三是加强话语建设,将传统话语转化为当代话语。《论语》毕竟成书于2000 多年前,与当代受众所处的历史背景截然不同,且古籍难免艰涩难懂。如何在中华传统经典和时代精神二者之间寻找最佳契合,使传统经典与当代现实接轨,将传统话语转化为当代话语,是研究当代扩大提升《论语》影响力的重要课题。加强《论语》当代话语建设,要坚持实践性与创新性相结合的原则。立足实际,紧紧扎根现实土壤关注当代实践,以当代实际为研究起点加强话语建设,倾听时代声音,反映时代风貌。并不断与时俱进,创造传统话语新表达、新阐述。如在当今网络时代,传统话语表达中可以适当借鉴一些网络话语,从而引发受众共鸣,拉近《论语》与受众现实生活的距离。应该看到《论语》话语体系的建设将是一项长期的系统工作,需要社会各界特别是学界、理论界,为《论语》的当代话语建设贡献智慧。

四是加强对外传播,将中国经典转化为世界经典。党的二十大报告指出:"加强国际传播能力建设,全面提升国际传播效能,形成同我国综合国力和国际地位相匹配的国际话语权。深化文明交流互鉴,推动中华文化更好走向世界。"②传播中华优秀传统文化经典,是向世界讲好中国故事、推动中华文明更好走向世界的重要途径。《论语》的思想和精神是永恒的,包含了世界各国人民普遍认同的价值理念,对当今人类社会的发展有着具体有效的指导意义。尽管《论语》是中国经典,但它久存不灭的思想和精神价值,越来越受到世界的认可,成为世界人民的共同文化和精神财富。在人类历史长河

---

① 习近平:《论党的宣传思想工作》,北京:中央文献出版社,2020 年,第 240 页。
② 习近平:《高举中国特色社会主义伟大旗帜 为全面建设社会主义现代化国家而团结奋斗》,《人民日报》,2022 年 10 月 26 日。

中,世界各个文明之间从来都是互相影响的,强大文明必然也是开放的。《论语》的对外传播对于向世界弘扬中华文化,让世界人民领略中华文化的独特魅力,感受中华大地的文化之美具有重要意义。一方面,创新对外方式,加强国际传播能力建设。"我们要把握国际传播领域移动化、社交化、可视化的趋势,在构建对外传播话语体系上下功夫,在乐于接受和易于理解上下功夫,让更多国外受众听得懂、听得进、听得明白,不断提升对外传播效果。"①充分了解和尊重异域文化,以世界读者看得懂的语言和有效的交流方式,用"原汁原味"的《论语》来讲述中国故事,凸显中国风范。另一方面,加强译介工作,"如切如磋,如琢如磨",将中西方文化融会贯通进行创作。让世界各国读者感悟东方之美、感受到中华文化的实际意义和价值,为世界各国人民学习中国经典,了解中华文化提供帮助;为弘扬中华文化,促进中华文化走向世界做出更大贡献。

---

① 习近平:《论党的宣传思想工作》,北京:中央文献出版社,2020 年,第 357 页。

第八章　文化自信视域下
青少年政治认同提升的路径研究

政治认同是人们在政治社会化过程中形成的比较稳定的政治立场、政治观点和政治行为,是从事社会政治活动所必需的内在条件,是个人政治方向、政治观念、政治态度、政治修养的综合表现,是思想政治素质的重要组成部分。政治认同对于青少年政治心理发展、政治思想的成熟和政治实践的深化有着长期而深远的影响。习近平指出:"文化自信是一个国家、一个民族发展中更基本、更深沉、更持久的力量。必须坚持马克思主义,牢固树立共产主义远大理想和中国特色社会主义共同理想,培育和践行社会主义核心价值观,不断增强意识形态领域主导权和话语权,推动中华优秀传统文化创造性转化、创新性发展,继承革命文化,发展社会主义先进文化,不忘本来、吸收外来、面向未来,更好构筑中国精神、中国价值、中国力量,为人民提供精神指引。"[①]青少年阶段是人生的"拔节孕穗期"最需要精心引导和栽培。青少年的政治认同关乎该阶段思想政治理论课的教学成效,关乎能否做好大学思想

---

① 习近平:《论党的宣传思想工作》,北京:中央文献出版社,2020年,第5~6页。

政治理论课教学的衔接工作。新时代的文化自信对于青少年担好实现中华民族伟大复兴的历史使命具有重要作用，从文化自信视域下探究青少年政治认同提升策略符合深化教育改革创新的潮流和现实需要，极具理论意义和实践意义。

一、文化自信的内涵及其与青少年政治认同的关联

（一）文化自信的内涵

1.文化的含义

从古至今，文化的兴盛繁荣都是伴随人类族群的昌盛而发展起来，从而衍生出"一方水土养一方文化"、风格迥异的文化现象和文化传统，对这些刻在骨子里的文化基因下定义时，人们往往莫衷一是。在我国，文化一词最早出自《易经》贲卦象传的"刚柔交错，天文也；文明以止，人文也。观乎天文，以察时变，观乎人文，以化成天下"。其中的"文"，是指一切现象或形相；"天文"即自然现象，对这种自然现象进行观察、认识、改造，即人文活动。经演变后的这种文化概念即不再具有活动的创造义，而只具有静态的客观存在义。而在当代我国大多采用文化的哲学定义，即文化是相对于政治、经济而言的人类全部精神活动及其产品。

文化一词，近世以来也用英文 Culture 来表述。原意指对人进行培养和训练，使其获得超乎原来自然形式的状态。至十七八世纪，此概念的内涵已有相当的扩展，延伸为一切人作用于自然界的成果。相对于我国，西方有关文化的定义偏向于静态的成果类，与中国以文化人，提升人的思想品质、道德情操含义有很大区别。从根本上来看，无论怎样对文化一词下定义都离不开"人"的身影，没有人类的活动也就没有文化的产生和发展。文化是人类智

慧和创造力的体现,人创造了文化,也享受文化,同时也受文化的约束。人在文化的创造中是占主要地位的,如没有人的主动创造,文化便失去了色彩,失去了提升个体精神力量、增强民族凝聚力的活力。

2.文化自信的内涵

文化自信是一个民族、一个国家以及一个政党对自身文化价值的充分肯定和积极践行,并对其文化生命力持久的自信。党的十八大以来,习近平曾在多个场合提及文化自信。习近平指出:"我们说要坚定中国特色社会主义道路自信、理论自信、制度自信,说到底是要坚定文化自信。文化自信是更基本、更深沉、更持久的力量。历史和现实都表明,一个抛弃了或者背叛了自己历史文化的民族,不仅不可能发展起来,而且很可能上演一场历史悲剧。"[①]文化自信不是盲目或漫无目的的自信,而是对源自中华民族五千多年文明历史所孕育的中华优秀传统文化,党领导人民在革命、建设、改革中创造的革命文化和社会主义先进文化的高度自信。"我们之所以坚持中国特色社会主义文化自信,是因为这种文化植根于中国特色社会主义伟大实践的沃土,具有强大生命力,不断创造出中国速度、中国效率、中国奇迹。"[②]新时代,我们必须要深刻认识到文化自信的重要性,在全社会营造以文化人的良好氛围,推动中华优秀传统文化创造性转化和创新性发展,使革命文化在新时代弘扬传承、历久弥新,使社会主义先进文化为中国特色社会主义发展提供源源不断的精神动力,切实推进精神文明建设,把我国建设成具有高度自信的文化强国。

---

① 《习近平关于社会主义文化建设论述摘编》,北京:中央文献出版社,2017 年,第 12 页。
② 张国祚:《提高中国文化国际影响力》,《红旗文稿》,2018 年第 10 期。

（二）青少年政治认同的概念

1.政治认同

政治认同与政治品质同义，是指"人们在政治社会化过程中，形成比较稳定的政治立场、观点和政治行为，是人们从事社会政治活动所必需的内在条件"[①]。它通过人们的政治态度和政治行为表现出来，政治认同越高，参与政治活动和履行政治义务越具自觉能动性。政治认同涉及个体的政治心理、政治信仰、政治能力等方面，是一套内涵丰富、涉及广泛的内在品质。个体政治认同高，其政治意识和政治立场便强；群体政治认同高，社会运行会更有序，国家事业发展便有强劲动力，民族便有复兴的助力。大到国家，小到公民都应不断增强政治意识、大局意识、核心意识、看齐意识，具备坚定的政治信仰和政治立场，牢固正确的政治方向，朝着实现中华民族伟大复兴的中国梦砥砺前行。

2.青少年政治认同

青少年的政治认同是指青少年的政治方向、政治立场、政治态度。我国青少年的政治认同的主要内容是认同中国共产党的领导和中国特色社会主义道路。青少年主要活动范围为学校，在这一经过选择的社会环境中，学生接受到的培育和锻炼都具有系统性与规范化。同时，青少年还受到外界环境和原生家庭影响，所以其政治认同内涵极具复合性与动态化。

（三）文化自信与青少年政治认同的内在联系

文化自信与青少年政治认同看似是两个独立概念，但从本质来看，两者在目的、功能和路径等方面有很大关联。文化自信是在社会主义文化蓬勃发

---

① 郑永廷主编：《思想政治教育学原理》，北京：高等教育出版社，2018 年，第 141 页。

展的新时代日益凸显的,是对我国中华优秀传统文化、革命文化和社会主义先进文化的高度自信,展现了中华民族强大凝聚力和深厚的文化底蕴。文化自信以其强大感召力和渗透性极大推动青少年政治认同培育。从目的上来看,文化自信提升与政治认同升华有着目标的契合性,都是以人为出发点和落脚点,旨在强健国民精神力量;从功能上来看,两者协同发展对学生个体长远发展、社会秩序稳定及保障党和国家长治久安都具有重要作用;从路径上来看,文化自信通过基础教育学科教材编写、课堂教学等方式进教材、进课堂、进头脑,政治认同培育路径与此有很大共通性。

1.目的的同质性

在实现第二个百年奋斗目标的新征程上,文化繁荣和文化自信的重要性不言而喻,但归根结底,大力倡导文化自信的目的就是为了培育一批忠心拥护中国共产党领导和中国特色社会主义事业的优质青年,让青年们勇敢地面对未来发展道路上的艰难险阻和波谲云诡的国际形势,为实现中华民族伟大复兴贡献青春力量,推动中国特色社会主义事业行稳致远。青少年政治认同的培育从根本上说是提升青少年面对大是大非时的政治站位,在涉及政治原则问题上坚定地站在党和人民一边,能够分清是非善恶,勇敢地与危害党和国家形象和声誉的行为和言论做斗争。中国特色社会主义文化影响力的扩大和青少年政治认同的提升都有利于个人成长成才和凝聚中华民族精神伟力,延续共同的文化基因。

2.功能的同向性

首先,中华优秀传统文化作为我国古代文化的智慧结晶,能唤醒青少年对于本国的文化认同,体验到从古至今、亘古不变的文化魅力。正如习近平所强调的,绝不能轻视中华优秀传统文化的重要作用和独特价值,要讲清楚中华文化积淀着中华民族最深沉的精神追求,是中华民族生生不息、发展壮大的丰富滋养;讲清楚中华优秀传统文化是中华民族的突出优势,是我们最深厚的文化软实力。其次,革命文化是中国共产党带领人民群众争取民族独立和人民解放时所凝集的精神力量和文化遗产,在中国共产党历史和中华人民共和国历史中留下浓墨重彩的一笔。革命文化教育会使广大青少年明白今天的幸福生活从何而来,以及中国共产党为什么能从一个只有几十个党员的组织发展为拥有九千多万党员的庞大执政党,极大提升其文化认同和政治认同。最后,先进文化是面向现代化、面向世界、面向未来的,民族的科学的大众的社会主义先进文化,蕴含极深的科学性、时代性和先进性内涵,对于提升青少年理论素养、科学精神都具有积极作用;先进文化之所以先进,是因为它以广阔的胸襟囊括了人类优秀文化成果,剔除了文化糟粕和外来文化的消极成分,以鲜明前瞻性和引领性促进青少年养成海纳百川、明辨是非、与时俱进的优秀品格。无论是中华优秀传统文化还是革命文化、社会主义先进文化,都有着促进个体道德修养,培养有理想、有道德、有文化、有纪律青年的作用和功能,而政治认同的提升更是对增强青少年政治理论知识,形成强有力的政治认同,进而提升自身思想政治认同有极大裨益。由此可见两者在作用和功能上具有较大相关性和关联度。

3.培育路径的相通性

文化自信是事关国运兴衰、文化安全与民族精神独立性的大问题,而青少年是社会进步和繁荣国家的关键群体和先锋力量,是中国特色社会主义事业的建设者和接班人。因此在青少年阶段强化文化认同和政治认同培育至关重要,在大力推进学校文化建设和思想道德建设背景下,一方面要牢牢把握统编教材,充分挖掘中国特色社会主义文化和时事政治背后的民族观、国家观、文化观,与教材的科学性有机融合。另一方面要牢牢把握课堂教学,课堂是学生掌握科学理论知识、学做人学道理的主阵地,文化自信和政治认同对于学生成长成才的重要性决定了不仅要在思政课堂培育,在其他学科的课堂上也要培育。只有大力推进思政课程和课程思政同向发力,才能更全面地做好文化自信和政治认同进校园、进课堂、进头脑。除了在显性教育培育上有共通处,文化自信和政治认同培育在隐性教育方式上也有很大相通性。

二、文化自信视域下青少年政治认同提升的价值意蕴

(一)实现中华民族伟大复兴的历史必然

青少年是国家和民族的未来。习近平指出:"青年是整个社会力量中最积极、最有生气的力量,国家的希望在青年,民族的未来在青年。今天,新时代中国青年处在中华民族发展的最好时期, 既面临着难得的建功立业的人生际遇,也面临着'天将降大任于斯人'的时代使命。新时代中国青年要继续发扬五四精神,以实现中华民族伟大复兴为己任,不辜负党的期望、人民期待、民族重托,不辜负我们这个伟大时代。"[1]实现中华民族伟大复兴离不开广大青年的团结奋斗。青少年是国家和民族的青春力量,他们的精神状态关系国家的未来。用优秀传统文化教育青少年,提升他们的政治认同,引导他们树立报国之志,引导他们积极团结在党的周围,听党话、跟党走,这是实现中华民族伟大复兴的历史必然。提升青少年对中国共产党的政治认同,能够帮助青少年领悟自己所肩负的历史使命, 不断提升政治使命感、政治责任感,不断磨砺自己的能力和本领,为中华民族伟大复兴而奋斗。

(二)培育社会主义核心价值观的必然要求

培育社会主义核心价值观是时代的呼唤。"核心价值观,其实就是一种德,既是个人的德,也是一种大德,就是国家的德、社会的德。国无德不兴,人

---

① 习近平:《论党的宣传思想工作》,北京:中央文献出版社,2020 年,第 391~392 页。

无德不立。如果一个民族、一个国家没有共同的核心价值观，莫衷一是，行无依归，那这个民族、这个国家就无法前进。这样的情形，在我国历史上，在当今世界上，都屡见不鲜。"①中华民族发展绵延不息就是因为我们有坚定的核心价值观，有中国人自己的价值理念和道德追求。新时代培育和践行社会主义核心价值观是关系民族未来发展的大计。青少年的价值观关系民族的未来。"新时代中国青年要自觉树立和践行社会主义核心价值观，善于从中华民族传统美德中汲取道德滋养，从英雄人物和时代楷模的身上感受道德风范，从自身内省中提升道德修为，明大德、守公德、严私德，自觉抵制拜金主义、享乐主义、极端个人主义、历史虚无主义等错误思想，追求更有高度、更有境界、更有品位的人生，让清风正气、蓬勃朝气遍布全社会！"②提升青少年的政治认同，让社会主义核心价值观滋养青年一代的精神世界，可以让青少年自觉认同和践行社会主义核心价值观。

(三)促进青少年成长成才的必然要求

党和国家高度关注青少年的成长成才。习近平指出："我们要真情关心青年、关爱青年，做青年工作的热心人。青年处于人生道路的起步阶段，在学习、工作、生活方面往往会遇到各种困难和苦恼，需要社会及时伸出援手。当代青年遇到了很多我们过去从未遇到过的困难。压力是青年成长的动力，而在青年成长的关键处、要紧时拉一把、帮一下，则可能是青年顶过压力、发展成才的重要支点。我们要关注青年所思、所忧、所盼，帮助青年解决好他们在毕业求职、创新创业、社会融入、婚恋交友、老人赡养、子女教育等方面的操心事、烦心事，努力为青年创造良好发展条件，让他们感受到关爱就在身边、

---

① 习近平：《论党的宣传思想工作》，北京：中央文献出版社，2020 年，第 72 页。

② 习近平：《论党的宣传思想工作》，北京：中央文献出版社，2020 年，第 32~33 页。

关怀就在眼前。"①提升青少年的政治认同,是党和国家帮助青少年成长成才的重要途径,也是青少年成长成才的必然要求。强化青少年的政治认同,坚定他们的政治方向、政治立场、政治态度、政治行动,有利于青少年树立爱国主义思想,热爱祖国、热爱人民、热爱中国共产党、热爱社会主义,自觉投身于中华民族伟大复兴,自觉把人生的发展道路与国家的发展统一起来,在建设社会主义现代化国家的过程中成长成才。

三、文化自信视域下提升青少年政治认同的路径建构

(一)增强社会主义主流意识形态的引领

要阻止不良社会文化入侵校园,荼毒学生,就应在全社会高举弘扬社会主义主旋律的旗帜,对各种不良文化思潮予以坚决回应和抵制,搭建起能抵御不良文化思潮入侵防护墙。此外,还应激发青少年提升文化自信和政治认同的内生动力,增强防患不良文化侵蚀的"免疫力",共同抵抗拜金主义、极端个人主义、历史虚无主义思潮的不良影响。

1.把握意识形态工作领导权

"意识形态决定文化前进方向和发展道路。必须推进马克思主义中国化时代化大众化,建设具有强大凝聚力和引领力的社会主义意识形态,使全体人民在理想信念、价值理念、道德观念上紧紧团结在一起。要加强理论武装,推动新时代中国特色社会主义思想深入人心。深化马克思主义理论研究和建设,加快构建中国特色哲学社会科学,加强中国特色新型智库建设。"②科学先进的思想观念、政治观念和道德规范不能自发地产生于人的头脑,因而

---

① 习近平:《论党的宣传思想工作》,北京:中央文献出版社,2020年,第34页。
② 习近平:《论党的宣传思想工作》,北京:中央文献出版社,2020年,第11页。

只能从头脑外部进行教育引导,列宁的"灌输论"便是对这一形式的高度概括。通过主流意识形态的主导和占领,国家有目的、有组织、有计划地灌输公民不具备的科学思想文化,在促进人全面发展的同时维系社会稳定和国家长治久安。牢牢把握意识形态工作领导权就是在各行业各领域高举马克思主义旗帜并渗透党和国家意志和思想,用主流意识形态占领各阵地,提升主流意识形态话语权。

首先,在全社会各领域清除各种反马克思主义思想,对文艺文化界有违主流价值观的作品和舆情实行整治和管控,建立积极健康向上的文艺文化创造环境和舆论情景,以良好社会氛围和社会教育渗透学生生活和学校教育。"坚持正确舆论导向,高度重视传播手段建设和创新,提高新闻舆论传播力、引导力、影响力、公信力。加强互联网内容建设,建立网络综合治理体系,营造清朗的网络空间。落实意识形态工作责任制,加强阵地建设和管理,注意区分政治原则问题、思想认识问题、学术观点问题,旗帜鲜明反对和抵制各种错误观点。"[①]其次,在教育领域更应强化主流意识。一方面要牢牢把握统编教材,以马克思主义指导思想作为教材编写原则,在保证教材科学性、准确性的同时与时俱进,体现党和国家在新时代的育人目标和要求。另一方面,要明确为谁培养人、培养什么样的人、怎样培养人的根本性问题。应严格落实党和国家教育方针,把握新一轮课程改革中各学科课程标准,在培养目标和教学目标中体现国家在意识形态上的意志和要求。最后,要在对青少年产生重大影响的网络舆论中掌握话语权,以主流价值观和主流文化意识形态占领舆论阵地,防止各种错误思想误导学生群体,将其推向与党和国家意识形态对立的一面。

---

① 习近平:《论党的宣传思想工作》,北京:中央文献出版社,2020年,第11页。

2.培育践行社会主义核心价值观

社会主义核心价值观反映了各族人民最深沉的夙愿，也是国家凝神聚气、强基固本的基础工程。社会主义核心价值倡导富强民主文明和谐、自由平等公正法治、爱国敬业诚信友善，把对国家、社会、个人要求融为一体，反映社会主义发展要求，继承中华优秀传统文化，充分吸收各国文化发展有益成果，体现着中国风格和中国气派。一方面，在社会高举社会主义核心价值旗帜是对各种负向思想文化潮流的坚决回应和否定，是坚持发展主流文化、科学文化、先进文化，反对各种不良亚文化最强有力举措，对于提升国民文化素养和政治认同具有重要作用。另一方面，倡导培育践行社会主义核心价值极具现实性和针对性，这是因为"青年的价值取向决定了未来整个社会的价值取向，而青年又处在价值观形成和确立的时期，因此抓好这一时期的价值观养成十分重要"①。这一时期的学生极易受西方文化乱象和社会不良文化影响，而社会主义核心价值观为青少年进行文化选择给予科学指南，促使其摒弃与主流价值观不相匹配的文化潮流，坚定其在国之大事前的政治立场和态度，促使其积极参与社会公共事宜，提升公德意识和参与能力。

"核心价值观是文化软实力的灵魂、文化软实力建设的重点，是决定文化性质和方向的最深层次要素。"②社会主义核心价值关系到国民思想品德素质强弱，关乎人的全面发展，关系到我国社会主义强国建设，关乎我国文化软实力提升和国际竞争实力增强，意义重大。因此，必须要宣传好、弘扬好、践行好我国社会主义核心价值，使青少年能有效将其内化于心、外化于行。

3.筑牢校园文化根基

犹如阳光和空气决定万物生长一样，校风和学风直接影响着学生学习

---

① 《让青春在奉献中焕发绚丽光彩——习近平总书记关于青年工作重要论述》，《人民日报》，2021年5月4日。

② 吴玉军、韩震：《坚定文化自信 提高国家文化软实力》，《光明日报》，2019年7月4日。

成长。没有良好的校园文化氛围为基底,就不能强化青少年自身对于政治认同的理解和重视,就不能从学生内心竖起文化主旋律旗帜。因此探究青少年政治认同提升路径必须要从与青少年朝夕相处的校园文化入手,综合运用显性教育和隐性教育方式加强校园文化建设。

首先,要增强青少年主人翁意识。加强其对时政热点的关注度,引导青少年用马克思主义观点和立场看待问题、分析问题,营造自由活泼、井然有序的校园风貌,以此培养学生辩证逻辑思维和马克思主义素养,切实增强学生政治认同提升动力。其次,要利用好学校广播站、学校新闻网以及学校官方微信公众号等新兴媒体、融媒体舆论宣传功能,使各类优秀文化尤其是红色文化有途径有方式有创意融入学生校园生活,在全校营造学文化、爱文化、讲文化热潮,促使广大学生树立正确文化意识。最后,充分利用地域文化稳固校园文化建设。青少年政治认同培育与红色文化尤为相关,因而要充分挖掘地区红色文化。"青少年时期是价值观、人生观和祖国观、民族观形成的关键期。教育是渗进血液、透入灵魂的,一定要从小就抓,从幼儿园就抓。要抓好爱国主义教育这一课,把爱我中华的种子埋入每个孩子的心灵深处,让社会主义核心价值观在祖国下一代的心田中生根发芽。"①例如将思政课搬到革命烈士陵园、纪念馆和博物馆等地的移动课堂、翻转课堂,带领青少年前往爱国主义教育基地进行现场教学等形式都是推动红色文化入校园的有效举措,使青少年不仅能从红色基地、红色文物中学到文化知识,更能亲身体悟革命先辈气节和精神,提升对于党和国家的政治认同和文化认同。

地域文化是校园文化建设的宝贵财富,是增强文化渗透力的催化剂。因而当地政府与学校要在保护的前提下大力推动地方文化资源有效开发,为校园文化建设创新发展提供可持续发展动力, 创设地方文化资源服务校园

---

① 习近平:《论党的宣传思想工作》,北京:中央文献出版社,2020 年,第 86 页。

文化建设之路,以全方位深层次文化气息沁润学生心灵,增强学生培植政治认同的主动性,促使其在学习生活中有意识地摆正自身政治立场和政治方向。

(二)强化教师队伍建设

习近平曾强调要把教师队伍建设作为教育发展大计的基础工程。教育不是简单的知识传授,而是要培养真正的人,教师就是塑造灵魂、塑造生命、塑造人的工程师。教师职责由于时代发展愈加凸显其创造性、复杂性和专业性。一方面,教师面对的是具有不同发展才能且具有无限发展潜能的独特个体,因此在教育教学上不能搞"一刀切",而应注重因材施教和素质培育,促进学生全面发展。另一方面,教师职业具有较强的专业性,因此教师应具备良好教育学、心理学和专业学科等知识,在道德修养、政治认同上有过人之处,才能为学生选择适合其身心健康发展的教育教学方式,为其成长成才提供专业指导。

1.切实增强优秀教师培养力度

梁启超认为师范教育是群学之基,国家应予以高度重视。师范生是教师预备军,只有培养好建设好师范生群体,才能从源头上加强教师队伍建设,才能切实增强学生群体政治认同和文化认同。一方面,要切实提升师范生理论水平和专业素养,尤其要学好蕴含在本学科中的文化素养,做好传道授业解惑的基本工作。另一方面,师范生的教育实践、实操演练是培养过程必备环节,是展现师范生教学技能的平台,也是师范生将内在政治素质和文化素养外化于行的有效措施。我国高度重视师范生的教育实践锻炼,例如制定《关于加强师范生教育实践的意见》中提到包括强化教育实习规范性、实行师范院校教师和中小学优秀教师共同指导的"双导师制"、充分发挥高校指导教师理论和实践优势、完善多方参与的实践考核评价体系等指导意见都是对加强师范生培养力度的管理规制。"三尺讲台系国运",在文化自信视域下提升青少年政治认同离不开对教师预备力量培养,切实铸牢师范生政治信念、政治立场和政治认同,促使其不断在教学演练中践行和传达正确文化观念和政治意识,才能为各级院校输送衷心拥护党和国家、不忘自身使命的教师队伍,才能为国家培育能够担当民族复兴大任,具有国家认同感和使命感的高素养人才智库。

2.弘扬尊师重教的社会风尚

古代教育思想家荀子曾言,"国将兴,必贵师而重傅;贵师而重傅,则法度存。国将衰,必贱师而轻傅;贱师而轻傅,则人有快;人有快则法度坏"①。我国自古以来便有尊师重教优良传统,新时代同样也不能忽视对教师职业的崇敬和扶持。一方面,在经济方面要考虑到物质生活水平提升,在薪资报酬上要给教师充分安全感,一则是对教师劳动价值的充分肯定,增强教师获得感。二则在生活水平上没有后顾之忧的教师会愿意花更多时间在教育教学研究上,有利于教学质量、教学效果提升。保证教师良好的经济待遇不仅可以激发教师教育热情,缓解职业倦怠,更能吸引大批具有真才实学、品学兼优的人才涌进教师队伍,为教师团队输送优质新鲜血液,为教育事业长远发展添砖加瓦。另一方面,在社会大环境中营造教师光荣、教育神圣的良好氛围,让广大教师能享受到应有的社会声望和崇敬。教师的社会性劳动对于人类文明的延续、进步和发展具有无可替代的作用,不论是个体还是社会群体都应怀景仰之心对待教师职业,让广大教师能安心从教、热心施教、舒心从教。

3.加强教师自身的素养培育

党和国家领导人高度重视教师素质的培植和发展,多次强调教师自身修养关乎教育的质量和未来。"唯物辩证法认为外因是变化的条件,内因是

---

① 《荀子·大略》。

变化的根据,外因通过内因而起作用。"①从文化自信视域下探究加强青少年政治认同的路径,必须要从教师素养上寻找突破口,将"四有"好老师、"四个引路人""六要教师"要求贯彻落实。首先,教师要有坚定理想信念和政治站位,对思想政治理论课教师来说,这关系到其能否承担起最基本的育人工作。要使青少年在大是大非面前保持清醒头脑,不受错误思潮影响,教师首先就要具备独立思考能力和习惯,树立崇高的社会主义共同理想、共产主义远大理想,在国际事宜上具有较强的战略思维、底线思维。其次,随着信息网络时代迅猛发展,文化知识传授不再成为教师专属,学生可以利用互联网搜索引擎获取海量信息,在掌握新知识的广泛性、即时性、全面性上甚至超越教师,这种文化反哺是教师必须直面的时代特征。因此,思政课教师必须要树立终身学习理念和长远思维,利用快速发展的网络信息技术发展自身,提升信息素养和甄别有效信息能力。最后,"学高为师,身正为范"。思政课教师除了要具备过硬的理论素养还应在道德修养上成为学生的模范,青少年政治认同除了课程教学培养外,更需要思政教师以实际行动进行启迪。

(三)打造优质的文化育人课堂

1.促进第一课堂与第二课堂协同育人

一方面,课堂教学尤其是思政课堂是进行政治认同教育的主阵地,因此要牢固把握思政课堂作为青少年学好政治知识、提升政治意识、提升政治认同的主渠道作用。在教学内容上守正创新,充分挖掘中华优秀传统文化、革命文化、社会主义先进文化中能有效提升学生政治认同的资源,为青少年传输正确世界观、人生观和价值观。在教学方式和教学过程上进行与时俱进的优化和创新,提升青少年学习和领略我国优秀传统文化、革命文化、社会主

---

① 《毛泽东选集》(第一卷),北京:人民出版社,1991年,第302页。

义先进文化,学习党史国史的热情和信心。另一方面,习近平强调要将"大思政课"善用之,不能干巴巴地上没有生命的思政课。因此要十分重视课外实践活动对青少年政治认同提升的促进作用。鼓励学生在课余参与传统文化知识竞赛、文化进社区、"我和我的祖国"征文比赛等实践活动,为青少年创造社会实践、体味文化发展,增强文化自信和政治认同的新颖途径和开放平台,加快与学生日常生活融通。确保第一课堂与第二课堂协同发展,同向同行,才能切实提升思想政治教育针对性和亲和力,才能在提升青少年政治认同和素养上取得事半功倍之效。

2.充分利用线上优秀文化育人资源

网络思想政治教育以其虚拟性和去权威化,使青少年敢于、善于在互联网中表达自己想法和感受,也有利于教师深入了解学生的真实感受和教育诉求,对于提升教育针对性和实效性极具参考性。对此,要充分利用互联网便捷、快速、高效的特点和规律,构建"互联网+思政课"创意平台。一方面,开展以线上教育为主的网络思想政治教育可以充分利用网络上丰富的传统文化信息和素材,以及革命伟人的英勇事迹,增强青少年政治认同培育的新颖性和有效性,挣脱以课堂教学为主的线下思想政治教育场地和人员束缚。此外,教师还要注重问题导向,引导学生在实践中侧重运用马克思主义立场和观点对待和处理网络热点。[①]另一方面,完全以网络思想政治教育为主导是不可取也是不科学的,它不能脱离现实的课堂教育而单向作用,而应与现实课堂教育同频共振,综合线上线下思想政治教育优势,创设线上线下混合式教育模式、圆桌讨论、翻转课堂等多样化教学手段,注重文化情境式体验,调动学生的学习主动性。[②]线上线下融合发展,有机结合是适应新时代发展要

---

① 刘小华:《新时代文化自信视域下高校思想政治教育创新论析》,《黑龙江高教研究》,2020 年第 12 期。

② 张锅红:《大学生文化自信培育与思想政治教育融合共生的路径研究》,《高教探索》,2020 年第 8 期。

求,也是符合现代青少年身心发展特征和规律的有效途径,能加快中国特色社会主义文化入耳、入脑、入心,增强青少年文化认同和政治认同。

3.推进大中小学思政课文化育人有效衔接

在《关于深化新时代学校思想政治理论课改革创新的若干意见》中明确提出"要循序渐进、螺旋上升地开设思政课,精准定位统筹大中小学思政课一体化建设"①。文件明确定位初中阶段要引导学生把党、祖国、人民装在心中,强化做社会主义建设者和接班人的思想意识。高中阶段重在提升政治认同,教育引导学生拥护中国共产党和中国特色社会主义制度,形成对我国文化历史的政治认同。思政课作为立德树人的关键课程决定着思想政治教育要一以贯之,要将其渗透到个体的生命全程,这是时代要求,也是党和人民期盼所在。因此中学阶段的思政课要管好自己的"责任田",在课程目标、课程体系建设等方面要与小学、大学既有区分度又紧密联系,遵循学生心理发展特点和规律,循次而进。此外,文件还提出在中学阶段要侧重开展体验性和常识性学习,这也决定着在文化视域下提升青少年政治认同不能仅从课堂教学出发,而要与社会实际、学生生活相联系,做好对小学课堂和大学课堂的承上启下作用。

课堂自始至终都是培育青少年各种素养的主渠道,而要在新时代文化自信视域下创新思政课堂就脱离不了党和国家制定的有关文件和指示,离不开互联网大场域。通过打通第一课堂与第二课堂壁垒、线上线下思政课的配合及大中小学思政课衔接,势必会极大推动思政课堂与时俱进,使思政课真正走进学生心田,切实提升政治认同培育针对性和有效性。

新时代青少年的政治认同和理想信念关乎其能否树立正确的世界观、人生观和价值观,关乎国家前途和民族未来。青少年政治认同的培育不能仅

---

① 中华人民共和国中央人民政府:《中共中央办公厅 国务院办公厅印发〈关于深化新时代学校思想政治理论课改革创新的若干意见〉》,见 http://www.gov.cn/zhengce/2019-08/14/content_5421252.htm。

靠课堂教学,还需党委政府部署、社会力量、校园文化建设,以及学生自我意识唤醒等力量整合,才能形成协同效应,最大限度实现文化全员、全过程、全方位育人之能,充分利用文化启智润心、培根铸魂之效,强化青少年政治认同培育,实现培育一批能担当民族复兴大任时代新人的时代使命,为党和国家事业长足发展累积雄厚的人才智库。

参考文献

一、中文著作

1.《马克思恩格斯选集》,北京:人民出版社,2012 年。

2.《马克思恩格斯文集》,北京:人民出版社,2009 年。

3.《列宁专题文集》,北京:人民出版社,2009 年。

4.《毛泽东选集》(第一——四卷),北京:人民出版社,1991 年。

5.《邓小平文选》(第三卷),北京:人民出版社,1993 年。

6.《江泽民文选》(一——三卷),北京:人民出版社,2006 年。

7.《胡锦涛文选》(一——三卷),北京:人民出版社,2016 年。

8.《习近平谈治国理政》(第一卷),北京:外文出版社,2018 年。

9.《习近平谈治国理政》(第二卷),北京:外文出版社,2017 年。

10.《习近平谈治国理政》(第三卷),北京:外文出版社,2020 年。

11.《习近平谈治国理政》,(第四卷),北京:外文出版社,2022 年。

12.《习近平关于社会主义精神文明建设论述摘编》,北京:中央文献出版社,2022 年。

13.《习近平关于网络强国论述摘编》,北京:中央文献出版社,2021 年。

14.《习近平关于注重家庭家教家风建设论述摘编》,北京:中央文献出版社,2021 年。

15.《习近平关于社会主义政治建设论述摘编》,北京:中央文献出版社,2017 年。

16.《习近平关于党风廉政建设和反腐败斗争论述摘编》,北京:中央文献出版社,2017 年。

17.《习近平关于社会主义经济建设论述摘编》,北京:中央文献出版社,2017 年。

18.《习近平关于社会主义生态文明建设论述摘编》,北京:中央文献出版社,2017 年。

19.白显良:《思想政治教育的马克思主义理论基础研究》,北京:人民出版社,2014 年。

20.柴素芳:《大学生幸福观教育论》,北京:人民出版社,2013 年。

21.陈其泰:《中华优秀传统文化何以通向马克思主义》,北京:研究出版社,2023 年。

22.陈先达:《历史唯物主义与当代中国》,北京:中国人民大学出版社,2019 年。

23.陈先达:《马克思与信仰》,北京:中国人民大学出版社,2018 年。

24.陈先达:《思想中的时代与时代中的信仰》,北京:中国人民大学出版社,2018 年。

25.陈先达:《问题中的哲学》,北京:北京师范大学出版社,2014 年。

26.陈先达:《哲学与文化》,北京:中国人民大学出版社,2016 年。

27.戴素芳:《传统家训的伦理之维》,长沙:湖南人民出版社,2008 年。

28.段虹：《美育维度的高校思想政治教育研究》，北京：中国社会科学出版社，2022年。

29.冯刚、刘宏达：《新时代高校辅导员工作十讲》，北京：北京师范大学出版社，2022年。

30.冯刚、王振：《高校思想政治教育治理引论》，北京：团结出版社，2022年。

31.冯刚、吴成国、李海峰：《新时代高校思想政治教育前沿研究》，北京：人民出版社，2022年。

32.冯刚：《思想政治教育学学科发展新论域》，广州：中山大学出版社，2022年。

33.冯刚：《探索思想政治教育发展的内生动力》，北京：人民出版社，2017年。

34.冯天瑜：《中华文化史》，上海：上海人民出版社，2005年。

35.冯友兰：《冯友兰文集》（1—12卷），长春：长春出版社，2017年。

36.高清海：《哲学在走向未来》，长春：吉林人民出版社，1997年。

37.顾友仁：《我国思想政治教育文化生态的历史变迁及当代建构研究》，北京：人民出版社，2021年。

38.国家图书馆编：《诗书礼乐：传统文化与立德修身》，北京：国家图书馆出版社、东方出版社，2022年。

39.黄传新：《社会主义意识形态的吸引力和凝聚力研究》，北京：学习出版社，2012年。

40.雷骥：《高校思想政治教育亲和力提升研究》，北京：中国社会科学出版社，2022年。

41.李基礼：《思想政治教育基本理论的当代重构》，北京：社会科学文献出版社，2022年。

42.梁漱溟：《梁漱溟作品集》，上海：上海人民出版社，2011年。

43.廖志诚：《困境与超越：当代大学生精神需求研究》，北京：社会科学文献出版社,2014 年。

44.刘春婵:《先秦散文的思想政治教育价值研究》,北京:社会科学文献出版社,2020 年。

45.刘建军:《马克思主义基本原理与当代中国思想政治教育专题研究》,北京:中国人民大学出版社,2018 年。

46.刘建军:《马克思主义信仰研究》,北京:中国人民大学出版,2021 年。

47.刘建军:《寻找思想政治教育的独特视角》,北京:中国人民大学出版社,2017 年。

48.刘建军主编:《社会思潮评析》,北京:高等教育出版社,2022 年。

49.刘娜:《全媒体时代思想政治教育环境论》,北京:中国社会科学出版社,2022 年。

50.卢德生:《地方文化资源教育转化:现实与超越》,北京:社会科学文献出版社,2021 年。

51.卢岚:《社会结构转型期思想政治教育创新研究》,北京:科学出版社,2020 年。

52.卢岚:《思想政治教育的空间转向研究》,北京:学习出版社,2022 年。

53.鲁力、刘洋:《现代思想政治教育的多维探索》,天津:天津人民出版社,2023 年。

54.鲁力、徐荧松:《中国精神的理论阐释》,北京:社会科学文献出版社,2022 年。

55.鲁力、朱冬香、李敏:《新时代思想政治教育:理论与实践探索》,武汉:湖北人民出版社,2018 年。

56.鲁力:《中国传统文化的思想政治教育研究》,北京:中国社会科学出版社,2017 年。

57.罗佳:《思想政治教育中的心理疏导》,北京:社会科学文献出版社,

2021 年。

58.罗仲尤:《思想政治教育属性研究》,北京:知识产权出版社,2017 年。

59.骆郁廷:《精神动力论》,武汉:武汉大学出版社,2003 年。

60.骆郁廷:《思想政治教育引论》,北京:中国人民大学出版社,2018 年。

61.骆郁廷主编:《思想政治教育原理与方法》,北京:北京师范大学出版社,2020 年。

62.马文颖:《思想政治教育的文化功能》,北京:中国社会科学出版社,2022 年。

63.欧阳康:《思想碰撞与方法借鉴:民族精神的比较研究》,北京:人民出版社,2009 年。

64.钱穆:《晚学盲言》,北京:生活·读书·新知三联书店,2014 年。

65.钱穆:《文化学大义》,北京:九州出版社,2012 年。

66.钱穆:《文化与教育》,北京:生活·读书·新知三联书店,2021 年。

67.钱穆:《现代中国学术论衡》,北京:生活·读书·新知三联书店,2016 年。

68.钱穆:《学籥》,北京:九州出版社,2012 年。

69.钱穆:《中国历史精神》,北京:九州出版社,2012 年。

70.钱穆:《中国历史研究法》,北京:九州出版社,2012 年。

71.钱穆:《中国文化精神》,北京:九州出版社,2012 年。

72.钱穆:《中华文化十二讲》,贵阳:贵州人民出版社,2019 年。

73.秦宣:《分化与整合:社会转型期的思想政治教育研究》,北京:中国人民大学出版社,2017 年。

74.邱仁富:《新时代思想政治教育引论》,北京:中国社会科学出版社,2022 年。

75.权麟春:《思想政治教育的伦理精神研究》,北京:人民出版社,2021 年。

76.商志晓等:《中华传统文化弘扬与现代化发展研究》,北京:中国社会科学出版社,2021年。

77.沈壮海:《思想政治教育有效性研究》,武汉:武汉大学出版社,2016年。

78.沈壮海主编:《新编思想政治教育学原理》,北京:中国人民大学出版社,2022年。

79.石书臣:《中华优秀传统文化中的德育资源及其当代价值研究》,北京:学习出版社,2022年。

80.苏振芳、陈新星、孙秀艳:《国际视野下的思想政治教育研究》,北京:社会科学文献出版社,2022年。

81.孙晓琳:《思想政治教育话语发展研究》,北京:中国社会科学出版社,2022年。

82.孙正聿:《理论思维的前提批判:论辩证法的批判本性》,北京:中国人民大学出版社,2010。

83.孙正聿:《用理论照亮现实:马克思主义哲学中国化的理论思维、研究范式和实践智慧》,长春:吉林大学出版社,2021年。

84.孙正聿:《哲学:思想的前提批判》,北京:中国社会科学出版社,2016年。

85.孙正聿:《哲学导论》,北京:中国人民大学出版社,2000年。

86.孙正聿:《哲学通论》,长春:吉林人民出版社,2007年。

87.唐贤秋:《廉之恒道:中国传统廉政文化的现代转换研究》,北京:中国社会科学出版社,2014年。

88.王海滨:《人的精神结构及其现代批判》,北京:新华出版社,2015年。

89.王学俭:《新时代思想政治教育基本问题研究》,北京:人民出版社,2021年。

90.王易:《传统文化与思想政治教育创新》,北京:中国人民大学出版社,2018年。

91.王易:《社会主义现代化新征程中的意识形态安全》,北京:中国人民大学出版社,2022年。

92.王振:《思想政治教育视域下以文化人研究》,北京:社会科学文献出版社,2021年。

93.文建龙:《新时代反贫困思想研究》,北京:社会科学文献出版社,2020年。

94.吴潜涛:《当代中国公民道德状况跟踪调查研究》,北京:人民出版社,2022年。

95.吴潜涛:《思想政治教育教学与研究》,北京:中国人民大学出版社,2018年。

96.吴琼:《思想政治教育话语发展研究》,北京:中国社会科学出版社,2017年。

97.项久雨:《守正创新的精神文明》,北京:社会科学文献出版社,2022年。

98.熊建生:《思想政治教育内容结构论》,北京:中国社会科学出版社,2012年。

99.徐复观:《徐复观全集》(1—15卷),北京:九州出版社,2014年。

100.徐海娇:《危机与重构:劳动教育价值研究》,北京:中国社会科学出版社,2020年。

101.徐少锦、陈延斌:《中国家训史》,北京:人民出版社、西安:陕西人民出版社,2011年。

102.徐艳玲:《全球化与中国特色社会主义自信》,北京:学习出版社,2017年。

103.严耕望:《治史三书》,上海:上海人民出版社,2016年。

104.杨德霞:《马克思视域中的意识形态性质研究》,北京:学习出版社,2017年。

105.杨海军:《思想政治教育情感载体研究》,北京:人民出版社,2019年。

106.杨兰、刘洋:《苗族史诗〈亚鲁王〉社会功能研究》,北京:中国社会科学出版社,2022年。

107.杨威:《思想政治教育的社会学研究》,北京:中国社会科学出版社,2014年。

108.杨威:《思想政治教育发生论》,北京:中国社会科学出版社,2009年。

109.杨威:《思想政治教育根源论》,北京:社会科学文献出版社,2022年。

110.余英时:《文史传统与文化重建》,北京:生活·读书·新知三联书店,2005年。

111.宇文利:《中国人的理想与信仰》,北京:中国人民大学出版社,2018年。

112.袁行霈:《中华文明史》,北京:北京大学出版社,2006年。

113.詹小美:《新时代精神文明建设价值论》,北京:社会科学文献出版社,2020年。

114.张岱年、程宜山:《中国文化精神》,北京:北京大学出版社,2015年。

115.张岱年:《张岱年全集》(1—8卷),石家庄:河北人民出版社,1996年。

116.张珊:《思想政治教育红色文化资源研究》,北京:社会科学文献出版社,2022年。

117.张泰城:《红色资源教育教学的理论建构研究》,北京:社会科学文献出版社,2022年。

118.张毅翔:《思想政治教育方法创新研究》,北京:人民出版社,2018年。

119.赵子林:《大学生马克思主义宗教观教育研究:以文化安全为视角》,北京:社会科学文献出版社,2018年。

120.朱明勋:《中国家训史论稿》,成都:巴蜀书社,2008年。

121.朱文:《兵团文化思想政治教育资源研究》,北京:人民出版社,2019年。

122.左殿升:《大学生网络思想政治教育研究》,北京:人民出版社,2019年。

二、报刊文章

1.艾楚君、王静怡:《新时代青年奋斗精神的基本内涵与培育路径》,《学校党建与思想教育》,2022 年第 24 期。

2.白婧:《马克思主义基本原理同中华优秀传统文化相结合的新空间》,《理论视野》,2022 年第 9 期。

3.鲍金:《论阅读马克思主义经典著作的意义》,《思想理论教育》,2022 年第 7 期。

4.鲍金:《论阅读马克思主义经典著作的有效方法》,《思想理论教育》,2021 年第 12 期。

5.毕红梅、张耀灿:《关注交往:思想政治教育的视角转换》,《马克思主义与现实》,2008 年第 6 期。

6.柴宝勇、黎田:《伟大建党精神政治功能研究——基于政党理论视角的分析》,《政治学研究》,2022 年第 3 期。

7.陈金龙:《中国式现代化与中华民族伟大复兴的内在联系》,《中国高校社会科学》,2022 年第 6 期。

8.陈乙华、曹劲松:《优秀传统文化时代创生的机理与路径》,《南京社会科学》,2021 年第 10 期。

9.陈勇、许颖:《新时代新征程奋斗精神的多维诠释、育人价值与培育进路》,《思想理论教育导刊》,2022 年第 12 期。

10.邓纯东:《巩固和提升中华民族伟大复兴的精神力量》,《山东社会科学》,2021 年第 12 期。

11.董轩、程亮:《青春期的社会建构:常识重审与教育可能》,《教育研究》,2022 年第 9 期。

12.董学文：《马克思主义基本原理同中华优秀传统文化相结合的重大意义》，《中国高校社会科学》，2022年第6期。

13.董雅华、舒练：《建构中国特色思想政治教育学科自主知识体系论析》，《思想理论教育》，2023年第2期。

14.方闻昊：《新时代思想政治教育基本方法的新特点新要求》，《马克思主义与现实》，2021年第3期。

15.封世蓝、姜晓琨：《新中国成立初期扫盲运动中的思想政治教育及其启示》，《思想教育研究》，2023年第1期。

16.冯春、谢晓娟、刘盼盼：《新时代奋斗精神的生成逻辑、价值意蕴与实践理路》，《东北大学学报》（社会科学版），2022年第4期。

17.冯刚、鲁力：《习近平关于中华优秀传统文化重要论述的理论蕴涵》，《湖南大学学报》（社会科学版），2022年第1期。

18.冯刚、史宏月：《新时代高等学校思想政治教育质量评价科学化》，《教育研究》，2021年第10期。

19.冯刚：《论新时代高校思想政治工作守正创新》，《上海交通大学学报》（哲学社会科学版），2021年第5期。

20.冯刚：《新时代高校"三全育人"的理论蕴含与深化路径》，《厦门大学学报》（哲学社会科学版），2023年第1期。

21.冯刚：《以百年党史丰厚底蕴引领思想政治教育学科高质量发展》，《思想理论教育导刊》，2021年第10期。

22.高德胜、张耀灿：《整体性视角下思想政治教育构成要件研究》，《马克思主义与现实》，2020年第2期。

23.高地：《西方学者中国思想政治教育研究述评》，《马克思主义研究》，2016年第10期。

24.高飞：《论思想政治教育议题设置的价值》，《马克思主义与现实》，

2020 年第 5 期。

25.高国希:《思想政治教育与历史主动精神的培养》,《马克思主义与现实》,2022 年第 6 期。

26.顾明远:《习近平总书记关于教育的重要论述的方法论》,《教育研究》,2022 年第 9 期。

27.顾小清、郝祥军:《从人工智能重塑的知识观看未来教育》,《教育研究》,2022 年第 9 期。

28.郭华:《中华优秀传统文化教育内容的创造性转化——访中国音乐学院刘沛教授》,《湖南师范大学教育科学学报》,2020 年第 5 期。

29.郭明姬、张亮:《新时代高校发展中华优秀传统文化教育研究》,《湖南科技大学学报》(社会科学版),2018 年第 6 期。

30.郭晓冉:《以奋斗精神纾解时代奋斗焦虑》,《新疆社会科学》,2021 年第 6 期。

31.韩璐璐、金昕:《新时代大学生奋斗精神现状与培育对策》,《学校党建与思想教育》,2022 年第 24 期。

32.胡钰、朱戈奇:《网络游戏与中华优秀传统文化的当代传播》,《南京社会科学》,2022 年第 7 期。

33.黄汀:《以中华优秀传统文化涵养青年奋斗精神》,《人民论坛》,2022 年第 23 期。

34.黄梓根、李亚芹:《理路与实践:马克思主义大众化传播的高校担当》,《湖南大学学报》(社会科学版),2022 年第 6 期。

35.姜国钧:《从〈论语〉首章看孔子学习的三种境界》,《大学教育科学》,2015 年第 5 期。

36.焦连志:《社会主义核心价值观与中华优秀传统文化教育协同机制研究》,《中国高等教育》,2020 年第 6 期。

37.柯小刚:《复质与广大:〈论语〉和〈诗经〉的诗教思想》,《湖南师范大学教育科学学报》,2015年第1期。

38.李东坡、李欣明:《马克思"人的解放学说"的思想政治教育意蕴及启示》,《教学与研究》,2022年第9期。

39.李洪华、戴树根、张紫君:《新时代大学生奋斗精神现状及培育路径》,《社会科学家》,2021年第12期。

40.李建华、冯丕红:《〈论语〉中的"好学"之德及现代启示》,《大学教育科学》,2013年第1期。

41.李霞、孙留涛:《新时代高校开展中华优秀传统文化教育模式研究》,《江苏高教》,2019年第1期。

42.李晓蕾:《中华优秀传统文化教育现状的调查分析——基于全国31个省(自治区、直辖市)的调查数据》,《湖南师范大学教育科学学报》,2020年第5期。

43.李新潮:《中华优秀传统文化创造性转化创新性发展的运行机理》,《理论学刊》,2022年第2期。

44.李忠军、杨科:《新时代铸魂育人的关键:信仰、信念、信心》,《思想理论教育》,2019年第6期。

45.李忠军:《论思想政治理论课的铸魂逻辑》,《马克思主义理论学科研究》,2022年第3期。

46.梁君健:《物质性与个体化:网络热播纪录片中传统文化的话语机制及当代转化》,《南京社会科学》,2019年第11期。

47.刘宏达:《中国式现代化进程中完善思想政治教育现代化体系》,《思想理论教育》,2023年第2期。

48.刘慧琴、赵敏:《中华优秀传统文化教育生态构建及其实践改进》,《广西社会科学》,2020年第8期。

49.刘建军、赵宇飞:《马克思恩格斯对未来社会的教育展望》,《中国高校社会科学》,2022 年第 6 期。

50.刘建军:《思想政治教育学科独立性探源》,《教学与研究》,2022 年第 12 期。

51.刘社欣、古晓兰:《论思想政治教育的理念更新与方法创新》,《马克思主义与现实》,2017 年第 3 期。

52.刘硕、周兴会:《新时代青年奋斗精神的价值意蕴及实践指向》,《学校党建与思想教育》,2022 年第 13 期。

53.刘铁芳:《走进生命的〈论语〉:〈论语〉研读作为一种生命的攀登》,《大学教育科学》,2022 年第 5 期。

54.刘伟兵:《马克思主义基本原理同中华优秀传统文化相结合的价值观维度》,《青海社会科学》,2022 年第 5 期。

55.刘余莉:《中华优秀传统文化:建成社会主义现代化强国的历史根基与文化底蕴》,《甘肃社会科学》,2023 年第 1 期。

56.陆卫明、曹芳:《论马克思主义和中华优秀传统文化的契合性——以五四时期先进知识分子接受马克思主义为例》,《理论学刊》,2022 年第 1 期。

57.陆颖龙:《在新时代培养大学生奋斗精神的价值与路径》,《中国高等教育》,2021 年第 23 期。

58.骆郁廷:《论网络思想政治教育的主体与客体》,《马克思主义与现实》,2016 年第 2 期。

59.吕文明:《文化传承与文艺创新中的中国精神和中国气派》,《山东社会科学》,2020 年第 10 期。

60.孟宪平、巫祖钰:《马克思主义与中华优秀传统文化相结合的维度分析》,《中州学刊》,2022 年第 8 期。

61.欧阳军喜:《马克思主义同中华优秀传统文化相结合的百年实践》,

《历史研究》，2021 年第 6 期。

62.彭维锋：《习近平总书记关于劳模精神的重要论述研究》，《山东社会科学》，2019 年第 4 期。

63.秦书生、何彦彦：《习近平关于坚定共产主义理想重要论述的逻辑理路》，《湖南大学学报》（社会科学版），2023 年第 1 期。

64.邱华全：《新时代教师在传统文化教育中的角色与使命》，《中国教育学刊》，2020 年第 12 期。

65.邱昆树：《新异化的隐忧——对现代教育速度逻辑的反思》，《教育研究》，2022 年第 9 期。

66.任翔：《中国传统文化教育的目标与内容初探》，《中国教育学刊》，2019 年第 1 期。

67.石书臣：《思想政治教育的本质规定及其把握》，《马克思主义与现实》，2009 年第 1 期。

68.司新丽、何昊汶：《大学中华优秀传统文化教育：意义、问题与路径》，《中国人民大学教育学刊》，2023 年第 1 期。

69.宋烨：《以中华优秀传统文化教育提升大学生文化自信》，《中国高等教育》，2021 年第 10 期。

70.宋友文：《思想政治教育发展的历史逻辑、理论逻辑和实践逻辑》，《教学与研究》，2021 年第 10 期。

71.孙惠欣、靳淑梅：《"互联网+"背景下高校传统文化教育：机遇挑战与实施路径》，《现代教育管理》，2020 年第 8 期。

72.孙其昂：《论思想政治教育基础理论的"体系"研究》，《马克思主义与现实》，2021 年第 5 期。

73.覃鑫渊、代玉启：《"内卷""佛系"到"躺平"——从社会心态变迁看青年奋斗精神培育》，《中国青年研究》，2022 年第 2 期。

74.檀传宝:《深度与复杂性的引入——高等学校应有的劳动哲学教育》,《教育研究》,2023 年第 1 期。

75.陶国立:《加强传统文化教育:新时代大学的重要使命》,《现代教育管理》,2020 年第 8 期。

76.汪四红:《论传统文化的"经世致用"和马克思"实践观"的互融相通》,《浙江学刊》,2022 年第 3 期。

77.王斌、王秀芝:《传统文化对官员精神内核形成的影响——基于经济学方法的检验》,《北京社会科学》,2022 年第 8 期。

78.王嘉、张维佳:《论沉浸传播时代下的思想政治教育》,《教学与研究》,2020 年第 1 期。

79.王树荫:《中国共产党百年思想政治教育基本经验》,《教学与研究》,2021 年第 5 期。

80.王卫华:《现象学视野中的学习兴趣与教育》,《教育研究》,2022 年第 10 期。

81.王秀阁:《论思想政治教育研究取向的问题——马克思主义实践观视角》,《马克思主义研究》,2015 年第 5 期。

82.王学俭、张哲:《多维空间视阈下的思想政治教育研究》,《马克思主义研究》,2014 年第 4 期。

83.王岩、高惠珠:《我国优秀传统文化创造性转化的实践路径探析》,《内蒙古社会科学》,2022 年第 5 期。

84.王易、宋健林:《试论思想政治教育的基本规律》,《教学与研究》,2019 年第 12 期。

85.王易:《马克思主义基本原理同中华优秀传统文化相结合的历史考察与时代要求》,《马克思主义研究》,2022 年第 3 期。

86.王永友、潘昱州:《文化自信视域下传统文化重构的"三重"困境》,《南京社会科学》,2017 年第 7 期。

87.吴潜涛、沈茹毅:《伟大建党精神的实质及其时代弘扬》,《政治学研究》,2022 年第 3 期。

88.吴增礼、马振伟.:《中华优秀传统文化提升文化自信的理与路》,《马克思主义研究》,2018 年第 9 期。

89.吴忠良、陈惠津:《传统文化教育课程嵌入性:基本框架与实现策略》,《教育科学研究》,2021 年第 1 期。

90.肖群忠、霍艳云:《中华民族爱国主义精神基本特征论》,《中国特色社会主义研究》,2018 年第 6 期。

91.肖群忠:《优秀传统文化的核心价值与当代中国社会文化发展》,《中国特色社会主义研究》,2021 年第 5 期。

92.熊钰:《网络"躺平"现象与青年奋斗精神培育》,《中国青年研究》,2022 年第 2 期。

93.徐国利:《史学经典与高校通识教育中的中国传统文化教育》,《历史教学问题》,2022 年第 6 期。

94.严挺:《中国式现代化中的传统文化要素辨析》,《理论学刊》,2023 年第 1 期。

95.燕继荣、王江成:《中国共产党领导的现代国家建构逻辑》,《政治学研究》,2022 年第 3 期。

96.杨玢:《中国共产党传承和弘扬中华优秀传统文化百年实践的演绎向度》,《青海社会科学》,2022 年第 2 期。

97.杨威、上官望:《马克思主义基本原理同中华优秀传统文化相结合的逻辑证成与发展路向》,《齐鲁学刊》,2022 年第 4 期。

98.杨晓慧:《当前国外价值观教育的现状、特征及其对我国的启示——基于全球 10 国价值观教育调查》,《社会科学战线》,2021 年第 12 期。

99.杨晓慧:《中国 70 年思想政治教育科学化发展》,《社会科学战线》,2019 年第 10 期。

100.杨逸、王婉玲:《阐旧邦以辅新命:高校中华优秀传统文化教育体系述论》,《高教探索》,2020 年第 7 期。

101.叶方兴:《论思想政治教育学科交叉研究的四重使命》,《思想教育研究》,2023 年第 1 期。

102.于沛:《历史大变局中的人类文明新形态》,《历史研究》,2021 年第 6 期。

103.于祥成、陈梦妮:《习近平青年奋斗观的理论渊源、思想内涵及时代价值》,《湖南大学学报》(社会科学版),2020 年第 6 期。

104.于祥成、陈梦妮:《习近平青年奋斗观的理论旨趣和实践指向》,《湖南大学学报》(社会科学版),2022 年第 5 期。

105.宇文利:《论思想政治教育本质:政治价值观的再生》,《马克思主义与现实》,2013 年第 1 期。

106.张传燧、赵娟、赵雯:《"时习之说":〈论语〉的教学"乐"境及其实现》,《湖南师范大学教育科学学报》,2021 年第 6 期。

107.张宏、梁函:《视域融合理论对中华优秀传统文化教育的启示》,《青海社会科学》,2022 年第 1 期。

108.张宏、朱帅:《中华优秀传统文化教育的场域变迁研究》,《民族教育研究》,2022 年第 2 期。

109.张晋藩:《中国古代乐在综合治国中的作用》,《中国高校社会科学》,2022 年第 6 期。

110.张明平、许欣婕:《文化自信视域下的高校中华优秀传统文化教育》,《中国高等教育》,2022 年第 12 期。

111.张兴海、程喆:《推进高校中华优秀传统文化教育路径探析》,《中国高等教育》,2022 年第 2 期。

112.张兴海、李姗姗：《新时期高等院校优秀传统文化教育的实践逻辑》，《东北师大学报》（哲学社会科学版），2020年第1期。

113.张雪梅、吴炜生：《"内卷化"冲击下的新时代青年奋斗精神及其培育理路》，《中国青年社会科学》，2022年第4期。

114.张滢：《21世纪中华优秀传统文化教育政策发展研究——从"三进"的角度考察》，《湖南师范大学教育科学学报》，2020年第5期。

115.张永奇：《中华优秀传统文化传承发展机制的构建：价值、内容与策略》，《马克思主义研究》，2017年第12期。

116.张瑜：《论思想政治教育网络观的演进与理论创新》，《马克思主义与现实》，2020年第5期。

118.张羽、刘惠琴、石中英：《教育投入产出的人文属性》，《教育研究》，2022年第8期。

119.张志勇、袁语聪：《中国式教育现代化道路刍议》，《教育研究》，2022年第10期。

120.赵晓霞：《文化记忆视角下青少年传统文化教育的路径与策略》，《西北师大学报》（社会科学版），2019年第2期。

121.郑成华、申健：《现代大学书院开展传统文化教育的路径研究》，《东北师大学报》（哲学社会科学版），2020年第3期。

122.郑飞：《马克思主义基本原理同中华优秀传统文化相结合的历史与逻辑》，《哲学研究》，2021年第12期。

123.钟启东：《思想政治教育的意识形态逻辑》，《思想教育研究》，2023年第1期。

124.左康华：《乡村振兴视域下中华优秀传统文化的创造性转化与创新性发展》，《学术研究》，2022年第8期。

后 记

党和国家高度重视思想政治教育工作,作出一系列重要论述、重大部署,推动思想政治教育工作取得历史性成就。党的二十大报告指出:"用社会主义核心价值观铸魂育人,完善思想政治工作体系,推进大中小学思想政治教育一体化建设","全面建设社会主义现代化国家,必须坚持中国特色社会主义文化发展道路,增强文化自信,围绕举旗帜、聚民心、育新人、兴文化、展形象建设社会主义文化强国,发展面向现代化、面向世界、面向未来的,民族的科学的大众的社会主义文化,激发全民族文化创新创造活力,增强实现中华民族伟大复兴的精神力量"。可见,文化建设和思想政治教育工作都是党和国家的重要工作。为了学习贯彻党的二十大精神,本书从文化视域展开对思想政治教育的探索。

本书由湖南大学马克思主义学院鲁力副教授负责全书策划和框架设计,主要参加人有刘浩、方一特、王桂娟、罗冰玉、张亚娟。全书具体分工如下:第一章(鲁力)、第二章(方一特)、第三章(刘浩)、第四章(刘浩)、第五章(鲁力、王桂娟)、第六章(鲁力、罗冰玉)、第七章(鲁力、王桂娟)、第八章(鲁力、张亚娟)。本书有的成果已部分在期刊或论著公开发表,特此说明。感谢天津人民出版社武建臣编辑对本书出版的大力支持和热情帮助！由于时间有限、涉及面广，不足之处在所难免，敬请专家、读者批评指正。

作 者

2023 年 12 月 26 日